第3次世界大戦の罠

新たな国際秩序と
地政学を読み解く

山内昌之
佐藤 優

徳間書店

第3次世界大戦の罠

新たな国際秩序と
地政学を読み解く

山内昌之
佐藤 優

徳間書店

構成／清泉 亮
編集協力／青島裕子
撮影／初沢亜利
文中写真／共同通信イメージズ
装幀／スズキ・クモ（ムシカゴグラフィクス）

まえがき

国際秩序の構造転換が起きている。しかし、この構造転換の内在的論理をとらえることは難しい。それは異なるパラダイム（位相）の出来事が同時に進行しているからだ。

まず、ヒト、モノ、カネの移動が自由になるグローバリズムが影響を強めている。これにともなった新自由主義的な弱肉強食のゲームが世界的規模で広がっている。これは、ポスト・モダンな現象だ。

次に、米国、中国、ロシア、米国などが帝国主義的傾向を強めている。EU（欧州連合）の本質は、ドイツとフランスを基軸とする広域帝国主義連合だ。EUは内部にさまざまな矛盾をはらみつつもドイツが主導する帝国主義政策を追認している。英国は、EUの一員であるが、共通通貨ユーロには加わらず、ポンドを維持し、英連邦（旧大英帝国の植民地）を活性化する形で独自の帝国主義政策を推進している。同時にスコットランドにおける英国からの独立運動が本格化している。日本でも、米海兵隊のための辺野古《へのこ》新基地（沖縄県名護市）建設問題をめぐって、沖縄では自己決定権を回復する動きが強まっている。このまま事態が推移すると、沖縄の日本からの分離傾向が強まる。帝国主義やナショナリズム（民族主義）はモダンな現象だ。

さらに「イスラーム国」（ＩＳ）、アルカイダなどイスラーム原理主義過激派による世界的規模でのテロリズムが強まっている。これは、プレ・モダンな現象のように見える。

これまでの手法や道具で、ポスト・モダン、モダン、プレ・モダンという異なるパラダイムの出来事が同時進行している国際情勢を整合的に理解することは難しい。しかし、人間は解釈をする動物である。特に政治に従事する人々は、自覚しているか、無自覚であるかは別にして、世界観を持たなくては、政治活動を行うことができない。

現下の日本で主流になっている世界観が反知性主義（アンチインテレクチュアリズム）であると私は認識している。ここで言う反知性主義とは、客観性や実証性を軽視もしくは無視して、自分が欲するように世界を解釈する態度をいう。ここから荒唐無稽な物語が生まれることも多い。

高等教育を受けた官僚、法曹、学者でも反知性主義に足をすくわれることは珍しくない。

断片的な知識を大量に記憶しているということと、総合知に対して誠実な知識人であるということは、まったく異なる範疇《はんちゅう》だからだ。

国際的に見て、知識人は2つのタイプに分かれる。

第1は、英語で言うインテレクチュアルだ。客観的、実証的に高度な知識を持っていて、世界の動きを洞察する力があるが、現実の政治問題や社会問題に関与することから極力距離を置く人々だ。日本だけでなく、世界的規模でも大学人はこのようなタイプが主流だ。

第2は、ロシア語で言うインテリゲンチヤだ。客観的、実証的に高度な知識を持っていることにとどまらず、その知識を社会のために活かそうとする知識人だ。歴史を形成する上で、重要な役割を果たすのはこのタイプの知識人だ。

本書で、私との対談を引き受けてくださった山内昌之先生は、まさにインテリゲンチヤ型の知識人だ。山内先生と私の出会いについては、本文で記した。ここでは別の重要な事柄について書きたい。

私は、2002年5月14日、当時の職場であった東京都港区の外務省外交史料館で東京地方検察庁特別捜査部によって逮捕された。容疑は背任だった。

2000年4月にイスラエルのテルアビブ大学で行われた国際学会「東と西の間のロシ

ア」に日本のロシア学者や外務省職員を派遣する際に外務省関係の国際機関「支援委員会」から経費を支出したことが背任に問われたのだ。この事件については、私のデビュー作になった2005年3月に新潮社から上梓した『国家の罠――外務省のラスプーチンと呼ばれて』(現在は新潮文庫に収録)で詳しく述べたので、ここでは繰り返さない。

この事件に関連して一緒にテルアビブに行った学者も検察庁に呼ばれ、調書を取られていた。東京拘置所のかび臭い独房で、学者たちが作成した検察官面前調書を読んで私は愕然とした。1通の調書を除いて、私を激しく非難し、背任罪を構成するのを助ける内容になっていたからだ。私を人格的に誹謗中傷する供述をした学者も複数いた。私はこれらの学者とトラブルを起こしたことは一度もない。これらの学者からの要請に応じて、情報や資料提供を迅速に行ったし、海外出張に際して大使館の便宜供与を手配するなど、誠実に仕事をしてきたつもりだった。

独房で学者たちの調書を読みながら、「こういう権力へ過剰に迎合し、事実と異なることを平気で語るような人が、権威として大手を振って歩いているような日本のアカデミズムには絶対に身を置きたくない」と思った。

もっとも悪いことだけではなかった。検察庁に対して、事実を淡々と述べ、私の仕事を評価し、罪を被せるようなことを一切供述しなかった大学教授が1人だけいた。それが当時、東京大学大学院教授だった山内昌之先生だ。あの事件の取り調べが行われている時点で、佐藤優が社会的に復権する可能性があり、職業作家となってマスメディアを通じて発信力を持つようになると考えた人は、私を含め、1人もいなかった。私は「終わった」人間だった。それにもかかわらず、山内先生は、検察の事情聴取という密室の中でも誠実に対処してくださった。私は、現在、いくつかの大学で講義を引き受けているが、大学での仕事に完全な忌避反応を示さないで済んだのも、日本のアカデミズムに山内先生のような腹の据わった知識人（インテリゲンチヤ）がいるということを、苦しいときの経験で知ったからだ。山内先生には話者の誠実性が備わっている。それだから私は山内先生の学識だけでなく、知識人としての生き方からも多くを学んでいる。

現象面だけから見ると、ポスト・モダン、モダン、プレ・モダンが錯綜した複雑な状況だが、山内先生はそこに「地政学」という補助線を入れた。その瞬間に、すべての現象を整合的に読み解くことができるようになった。山内先生のような存在論的思考ができる「知の巨人」と一緒に仕事をする機会が得られたことを幸せに思う。

この作品は、徳間書店相談役松下武義氏の御厚情と同編集部加々見正史氏の熱意と忍耐なくしては、成立しませんでした。この場を借りて、深く感謝申し上げます。

2015年8月18日　曙橋（東京都新宿区）の自宅にて、

佐藤　優

第一章

イスラーム国、中東の狂った果実

ＩＳが狙う「民族浄化」ならぬ「宗派浄化」

佐藤　今回はまず、世界共通の話題あるいは問題となっている「イスラーム国[*1]（以下、ＩＳ）」を切り口として、それがどのような影響を中東および世界情勢にもたらしているのかについて、様々なお話ができればと思います。

ＩＳはイスラーム・スンナ派[*2]武装集団で、２０１４年６月以降、国際社会を大きく揺るがしていて、その勢力拡大のきっかけはシリア情勢と深く関わっています。「アラブの春[*3]」が押し寄せたとき、現在のシリアにはムスリム同胞団[*4]の活動が抑え込まれていたため、反体制運動が起きても全体の動きがまとまらず、内戦状態になってしまいました。そこにレバノンからシーア派[*5]の過激派組織ヒズボラ[*6]（＝神の党）がアサド支援で入ってきて、そのシーア派に対抗するためにアルカイダ系が入ってさらに混乱は増したといえるでしょう。そうした状況に便乗してきたのがＩＳで、反体制を装って資金や武器を獲得しながらシリア北部を制圧し、勢力を拡大していった。そして、同じく14年６月にシリアから、もともとの本拠地であったイラクに再び勢力を拡大して、ＩＳは「カリ[*7]

＊1　イスラーム国
２０１４年６月、イスラーム教スンナ派の武装組織の最高指導者であるアブ・バクル・バグダディーがカリフ制国家の樹立を宣言。イラク北西部からシリア北東部を事実上支配した。国際社会は国家としてＩＳを承認していない。

＊2　スンナ派
イスラーム教のなかで圧倒的多数を占める宗派。開祖である預言者ムハンマドのスンナ（慣行、範例）に従う者という意味。アブー＝バクル、ウマル、ウスマーン、アリーの4人をムハンマドの正統後継者とみなす。シーア派に比べて過激な思考を持つとされがちだ。

＊3　アラブの春
２０１０年末から２０１２年にかけて、チュニジアに始まり、エジプト、

フ国家」の宣言をしたわけです。その理由を地政学的に考えれば、イラクにはシリアで押さえたオマル油田の日量をはるかに凌《しの》ぐ油井《ゆせい》があるからです。また多数派のシーア派がアメリカの民主化なる擬制に依拠して権力を握ってスンナ派がないがしろにされている状況がイラクにはあり、ISはそこにつけ込んで、イラクのスンナ派住民を巻き込むことで急速に勢力を拡大していった。ISが成功したのは、この激しい党派闘争でシーア派を殲滅《せんめつ》するという路線を鮮明にしたことにあるでしょうね。

山内　まずそのとおりでしょう。いま起きている現象は、14年6月まで日本人が知っていた中東の枠組みがもはや元に戻らないことを意味しています。とくに、第一次世界大戦後の英仏中心の講和体制による線引きで成立したシリアやイラクといった「肥沃な三日月地帯」[*8]の政治構図が揺らいでしまったということです。メルト・ダウンと呼ぶ研究者もいますが、これは当たっているでしょう。もともと地政学的要因から生じた中東溶解現象をさらに促進したのは、スンナ派対シーア派の宗派対立という構図を極端にしたセクタリアン・クレンジング（宗派浄化）の進行です。シーア派を殲滅しようとするISと、生存を賭けた死活の争いでスンナ派を一掃する衝動に駆られたアラウィー派[*9]（シーア

シリア、リビア、イエメン、ヨルダンなどに波及していった、体制に向けての抗議運動を指す。1968年に起こったチェコスロバキア（現・チェコ）における政治改革「プラハの春」になぞらえて命名されたが、「プラハの春」が当時のソ連による軍事介入によって抑え込まれてしまったのに対し、「アラブの春」は政権が倒れた国もあれば、いまだ内戦状態となっている国もある。

＊4　**ムスリム同胞団**　エジプトのハサン・アル・バンナーによって1929年につくられたイスラーム原理主義組織。腐敗や不平等の一掃を目指し、イスラームの教えに立ち返ることを目指した。40年代末には数十万人を擁する巨大組織となり、周辺のアラブ組織にも拡大。それを脅威とみ

派）のアサド政権やイラク中央政府との対抗に、それぞれサウジアラビアとイランという地域大国が後援するという図柄なのですね。セクタリアン・クレンジングは、20世紀末のユーゴスラヴィア解体後に、ボスニア・ヘルツェゴヴィナで起こったエスニック・クレンジング（民族浄化）とアナロジーで考えることもできます。そこでは、国連決議によって武器を獲得できない「ムスリム」という民族が隣国のセルビアから自由に軍事援助を受けたセルビア人住民の武装勢力によって一方的に〝クレンジング〟される。そこが力の対称性を多少なりとも維持している今回のシリアやイラクの相互〝クレンジング〟と違うところなのですが。

佐藤　同時に、それをイラクでやることによって現実的な略奪もできるし、分配するための元手が入るわけですよね。

山内　そのためには既存の主権国家の領土を窃取することが必要だったのです。昨年のＩＳにとって有利だったのは、バグダードの中央政府と言いつつ実際にはシーア派の政権であり、イラクの国防軍という以上に実はシーア派教徒を多数とする兵力に対して、イラクのスンナ派を保護するという大義名分をもって浸透する条件があったということでしょうね。

なした政府によって非合法化されてのち、地下組織化した一部の過激派がゲリラ活動に走った。

＊5　シーア派
イスラーム教のなかの少数派の一宗派。もともとは第4代カリフのシーア・アリーを支持する者たちを指した。アリーとその子孫をイスラーム教の最高指導者とし、アリーの系列に属さないカリフを正統と認めないことなどから、スンナ派と対立する。イランの国教となっているほか、バーレーン、イラク、アゼルバイジャンなどの国内では多数派を占める。

＊6　ヒズボラ
レバノンを拠点として活動するシーア派のイスラーム原理主義組織。1982年のイスラエルによるレバノン侵攻後、イランの援助を得て発足。

佐藤　そうすると、ＩＳは利害が敵対する者以外には歓迎されるに決まっていますからね。

山内　スンナ派の住民たちは、14年6月のモースル[*10]占領も、最初はシーア派の中央政府による抑圧や専制からの解放だと考えたのでしょう。しかし、その後あえて言えばＩＳはヘタをうったわけですよ。少女誘拐や強制結婚や奴隷売買を含めた「近代の否定」をあまりにも露骨に進め、テロと暴力と戦争を公然と正当化してしまったために、スンナ派世界ことにアラブの一般同胞からも大きな反発を受けてしまった。

佐藤　山内先生がおっしゃるようにＩＳがヘタをうったのです。スンナ派の大多数の人びとも、ＩＳの指導者バグダディーも自称カリフという受けとめになっています。ＩＳの影響力がただちにスンナ派世界全域に拡大する可能性は少なくなりました。

山内　ここで現況を整理しておきましょう。ＩＳが14年4月2日にイラクのティクリートから撤退したとき、日本でもこれでようやくＩＳの退潮が始まると愁眉《しゅうび》を開いた人も多かったでしょう。ようやく米国主導の有志連合の空爆によってＩＳの指導部や戦闘員はもとより、資金源の石油施設にも打撃が加えら

＊7　カリフ国家　「カリフ」とはアラビア語で「後継者」を指し、ムハンマドの死後、イスラーム共同体を政治・宗教の両面で率いる人物を選んだ。１９２２年にオスマン帝国が滅びたことでカリフ制も終わったとされているが、現在も「カリフ制再興」を求める声は根強い。

＊8　肥沃な三日月地帯　西アジア、メソポタミアからシリアに連なる三日月形の地域。土地が肥沃で農耕が盛んであり、古代オリエント文明が起こった場所としても知られる。

＊9　アラウィー派　シリアの土着宗教。現在は、シーア派の一分派とされている。シリア、トルコ南東部、レバノンなどに居住する。アサド大統領をはじめとするシリ

れ、制圧された領土も奪還されたかに見えたからです。しかしISは5月17日にイラク西部アンバル州の州都ラマディを制圧し、5月20日にシリア中部のパルミラを占拠しました。古代遺跡が破壊の危機に瀕《ひん》しているのは、バーミヤン石仏を爆破したターリバンの蛮行を想起させます。ここで注意すべきは、イラク中央政府のティクリート奪還は、総兵力3万人の3分の2に当たるシーア派兵力にもっぱら依拠していたことです。もっと正確に言えば、日本のマスコミや専門家がどういうわけか触れたがらない[*11]イラン革命防衛隊（RG）の精鋭が作戦に関与していた事実です。シリアでもRGのアサド政権支援にはなりふり構わない面もあります。レバノンのヒズボラやイラクのシーア派民兵やRGの支援部隊は、ISと対決する主要部隊になっています。

　ティクリート奪還後のシーア派民兵による略奪や放火事件の頻発は、スンナ派アラブ住民の反発を増大させたらしい。そこでアバディ・イラク首相は、アンバル州へのシーア派民兵の派遣をためらったようです。そこで、アンバル州でISと対決したのは、スンナ派主体のイラク国防軍部隊や治安部隊や警察部隊だけでしたから、同胞相殺は御免とばかりに士気も上がらないことおびただしい。中央からも軍需物資も送られてこないので兵站《へいたん》面でも破綻《はたん》してしまった

アの政権中枢のバース党にはアラウィー派が多い。

＊10　モースル占領
モースルはイラクの都市。ISが政府施設や警察を抑え、街全体を掌握。モースル内に居住するキリスト教徒に、改宗、退去などを求めた。支配地域一帯に別名称を付け、独自の行政を展開した。

＊11　イラン革命防衛隊
1979年のイラン・イスラーム革命を契機に、自国軍とは別組織として設立された精鋭部隊。シリアのアサド政権やレバノンのヒズボラへの武器提供などでも知られる。

というわけです。

佐藤　御指摘のとおりです。とくにRGをはじめとするイランの介入の意味を過少評価してはならないと思います。シーア派原理主義とともにペルシア帝国[*12]を回復しようとする動きと結びついています。

山内　結局、いまのイラク、シリアひいてはイエメンで繰り広げられているアラブ世界の分裂と戦争は、おおづかみに二つの面から説明できるでしょう。第一は「国民国家」の枠組みレベルで競合する各派間での内戦です。イラクやシリアの政府もその限定された勢力の一つでしかない。レバノンなどは空位の大統領選挙さえできずに、いつのまにかシーア派のヒズボラの国政への跳梁跋扈《ちょうりょうばっこ》を許してしまったのです。第二は、中東地域という次元での代理戦争という性格です。代理戦争は、サウジアラビアとイランとの地域的競合の深化と関連しています。両国の競合は、宗派（スンナ対シーア）や民族（アラブ対ペルシア）という綾《あや》によって目立っていますが、本質的には歴史にも由来する地政学的な性格を持っています。この二つの国だけでなくリビアやスーダンなどのアフリカを含めて、代理戦争の本質が内戦という現象と複雑に絡んでいるのが厄介な点です。この意味での代表的戦場がイエメンになっていることだけはいま

＊12　ペルシア帝国
紀元前550〜紀元前330年。古代ペルシアのアケメネス朝の帝国。古代オリエントの統一を果たし、中央アジアからエジプトにまたがる広範囲を支配下に置いた。

急いで指摘しておきたかったことです。

背後で暗躍するイラン

山内　さらに加えれば、第一に、現在の中東では大きなパワーシフトが起きているという事実です。これまでの20世紀の中東に対する国際的な政治関心は、基本的にパレスチナ人の自決権と独立国家をめぐるアラブとイスラエルとの紛争でした。しかし、21世紀に入るぐらいから、この問題が徐々に二義的になってきています。イスラエルの非常に巧妙な対外的戦略や、パレスチナにおけるファタハ[*13]とハマス[*14]の間の分裂状況などにも大きく左右されました。代わって、クルド民族の自決権と独立国家宣言の行使が現実味を帯びてきたのです。すでにイラク戦争（２００３年）の結果、ＫＲＧ（クルド地域政府）が北イラクに成立し、今回のＩＳに対しても陸上兵力でその膨張を阻止している点で、イラクの国防軍以上に頼りになり、アメリカはもはやＫＲＧがデファクト（事実上）の独立国家を目指すことを容認するかにも見えます。中東と世界で国家を持たない最大の少数民族の国民国家が形成されるのは、いちばん大きなパワー

＊13　ファタハ　パレスチナの故アラファト議長が創設した、パレスチナ解放機構（ＰＬＯ）の主流派。パレスチナのイスラーム原理主義組織ハマスに対して穏健派とされる。イスラエルとは和平に向けた交渉を進めた。

＊14　ハマス　パレスチナのガザ地区を実効支配するスンナ派組織。ＰＬＯの柔軟路線を否定し、イスラエルとの和平と承認に反対してきた。ゲリラ活動や自爆テロを展開したことから、多くの西側諸国からテロ組織に指定された。

イエメンの首都サヌアでも大統領の訴追を求めるデモが勃発。
チュニジアに始まる「アラブの春」は周辺諸国を激震させた。

シフトと言うべきでしょう。

第二は、すでに触れましたが、スンナ派とシーア派との紛争の深刻化です。双方の深刻な紛争は、国家レベルでは、直接には1980年のイラン・イラク戦争に端を発しています。

第三は、「アラブの春」の挫折であらわになった国内対立の激化です。むかしのアラブでは、軍と一般民衆、軍とムスリム同胞団との国内矛盾はいまほど激しくなることはありませんでした。全部イスラエルに根本矛盾をかぶせていけば済みましたから。それでも、20世紀中東の大半に多様な権威主義と独裁的な体制が長期支配を続けていたなかで、21世紀初頭に抑圧的な体制への反乱が開始された意味は大きいのです。問題はそれが何故に挫折したのかということですね。これは後から二人で議論することになりますが、内戦のなかに内戦が入れ子となる厄介な二重戦争、多重戦争が進行する複雑さは中東とくにアラブの世界以外には見られないことですね。

とくにシリアとイラクにまたがる「バーディヤ・アル・シャーム」（シリア砂漠）を中心としたスンナ派居住地域は、アサド政権もバグダード政府ももはやグリップが効かない。ＩＳが占拠したこの地域がこれからどうなるのかという点は興味深い。シリアやイラクの国のかたちが復元しないとすれば、ＩＳなりいずれかの勢力がこの権力の真空を埋めねばなりませんからね。この地域をイスラエルの学者のなかで、「スラキランド［Suraqiland］」と呼ぶ人もいます。スーリヤとイラクという言葉を合わせた造語で、シリアとイラクとの間にある土地を意味したいのでしょう。権力の真空やスラキランドという用語が問題になること自体、シリアとイラクの国境線は意味を失ったということです。

佐藤　サイクス・ピコ協定[*15]の終焉《しゅうえん》ということですよね。

山内　まさに、そういうことです。

佐藤　しかし、実はそれはもうずっと前から機能していなかった。そのことが可視化されてしまった。

山内　イラクの分裂は、すでにクルド民族のＫＲＧというデファクトな独立によって既成事実となりました。いずれＩＳをめぐる内戦や代理戦争のプロセスにおいて、法的つまりデユーレ［de jure］な独立の可否が問題として浮上してくるでしょう。

佐藤　政治的単位としてのクルディスタン地域が形成されるでしょうね。

山内　北イラクはそうなります。そして、いわゆるスラキランドが何らかのか

＊15　**サイクス・ピコ協定**　１９１６年に締結。第１次世界大戦のさなか、イギリス、フランス、ロシアの三国が大戦終結後のオスマン帝国の領土分割などを決めた密約。イギリスのサイクスとフランスのピコの両代表が原案をつくった。

たちでスンナ派権力によって「スンニスタン［Sunistan］」として維持されるとすれば、南部にも似たようなパワーシフトが起こると思います。あえて言えば、「シーイスタン［Shiistan］」ともいうべきシーア派住民だけの国がメソポタミア史上初めて成立するという見立ても否定できないでしょう。イラクの港湾石油精製都市バスラを中心としてシーア派が初めて自分たちでイラクに国をつくっていく。彼らとしては、本当はイラク全域を支配したいのでしょうが、シーア派のマリキ政権の治政失敗によってその力はもうありません。2500～3500人のISの武装集団を前にして、イラクの定員2万5000人規模の一個師団が戦わずにして潰走《かいそう》したという実態があるほどですから。

佐藤　この過程でシーア派アラブ人という新しい民族が生まれるかもしれません。

山内　いずれにしてもイラクはこの三つに分解しつつあります。私はこれをすでに1994年に予見して、その道筋を実証的に指摘したことがあります（「帝国の遺産」山内昌之ほか編『帝国とは何か』岩波書店、『帝国と国民』2004年に再録）。悪いシナリオが当たったからといって自慢する気にはなりませんけれども、「帝国」という装置を使っただけで激昂《げきこう》した人たちがいた（笑）。

それに、シリア自体ももう旧状には戻らない。シリアでもカーミシュリーやハサカなどのクルド人居住地域が分離するか、KRGなどとの連携を横に強めていくでしょうね。

佐藤　アラウィー派の支配地域はそのままなのでしょうか？

山内　そのままになると思います。ただ、アラウィー派の難点は、シリアの首都ダマスクスを押さえたとしても、レバノンの北の山地部にある自分たちの本拠地との間に非常に脆弱《ぜいじゃく》な回廊でしか結合しないという点にあります。しかし、この問題はレバノンでヒズボラが名実共に権力を掌握することになれば、ある程度は解消されるでしょう。

佐藤　しかし、実際にヒズボラ側が、自分たちはレバノンの権力を持っていると主張するならば、背後でイランがそのことに関するゴーサインを出していなければならないでしょう。

山内　そういうことです。

佐藤　鍵を握るのは、やはりイランになってきますね。

山内　ええ、そのとおりです。いま中東でいちばん重要な国家ファクターは、サウジアラビアをひとまずおくと、イランとイスラエルとトルコなのです。イスラエルのことに言及する人は少ないようですが、イスラエルは15年1月、シリアの地方都市クネイトラを空爆しました。その結果、イランの革命防衛隊の司令官が1人死亡しています。これはイランがシリア紛争でアサド側の当事者になっていることを如実に示しました。イランの影響力とコントロールのもとでしか、現在のアサド政権は動けない状態になっています。

この空爆に対して、イスラエルの息がかかっているレバノンの地域にイランが報復攻撃を仕掛けたのです。これは、イランの革命防衛隊の現地部隊やシリア政府の意志だけではできない対応であり、完全にイランの最高権威や政府や革命防衛隊総司令部の意志が働いた大規模報復と考えるべきでしょうね。

ISが核を保有する最悪事態

佐藤　その状況下で、アメリカのオバマ政権は、明らかにイラン寄りで問題を処理しようとしている。イスラエル側からすれば、これはもうとんでもないという話になってきます。

山内　アメリカの「脱イスラエル化」「脱シオニズム化」というところですか

ら、オバマ氏御乱心というところでしょうね（笑）。

佐藤　15年3月3日には、イスラエルのネタニヤフ首相[*16]がアメリカの共和党に呼ばれるがまま行って、米議会で演説をしました。先日、イスラエルから来た友人にたずねたところ、非常に心配していたのはむしろ中長期的な点で、イランが核開発に踏み切った場合、アメリカが阻止できなくなってしまうということでした。

山内　アメリカは止められないでしょう。

佐藤　そのときに、もっと怖いのはパキスタンが所有する核兵器のサウジアラビアへの移転で、それによってサウジがおかしくなって、ＩＳの影響が及ぶようになることです。万が一、万々が一、そのような事態になるとすれば、ＩＳが核保有することになってしまいます。

山内　そういう可能性は当然にも出てきますね。

佐藤　このことをイスラエルはいま、本気で心配しています。

山内　ただ、そのもう一つ前に予備段階があって、パキスタンの核がサウジに渡れば、場合によっては、他の湾岸諸国でもパキスタンの核やサウジアラビアの核をシェアする状況が実質的に起こる危険性です。

＊16　ネタニヤフ首相がアメリカの共和党に〜
２０１５年３月、米議会に招かれたイスラエルのネタニヤフ首相が展開した演説。オバマ大統領の対イラン政策を批判し、イランの核問題を巡ってアメリカとイランの双方が合意することに反対する立場を表明。今後もアメリカの敵国であり続けるイランと手を結べば、イランにとって核兵器開発の障壁はなくなり、大量の核兵器をつくるお墨付きを与えてしまう、と語った。ネタニヤフの招待は、米共和党指導部がホワイトハウスや民主党に断りなく行ったため、反発を招いた。

佐藤　それはアラブ首長国連邦にしても、カタールにしても、オマーンにしてもそうですね。あるいはパキスタンから核を購入してもいい。実際にエジプトは自力で核開発をしていました。

山内　トルコも同様です。根本的に重要なのは、イランの核開発によって、中東の核拡散現象の危惧が高まるということなんです。

佐藤　そうすると、NPT[*17]（核拡散防止条約）体制は全く機能しなくなります。

山内　それが中東にまつわる世界最大の悪夢でしょうね。オバマ大統領が起こしたかけ違いは、そもそもシリアにおいて化学兵器使用のレッドラインを越えたら軍事介入すると明言していたにもかかわらず、実行に移さなかったことにあります。

佐藤　私もそれが最大の間違いだったと思います。

山内　あれは結局、オバマ大統領がロシアのプーチン大統領の剛腕と威嚇に屈したんです。プーチンはシリアに対して、基本的に国外へ化学兵器を出させることで話をまとめました。しかし、悪いことをした人間（アサド）が悪い毒（化学兵器）を外へ出したからといって、悪いことをした事実そのものは払拭できないのですね。

＊17　NPT
1970年に発効した、核兵器保有をアメリカ、ロシア、イギリス、フランス、中国の5カ国だけに認め、それ以外の国への核兵器の拡散を防ぐことを目指した条約。約190カ国が加盟するが、核保有国であるインドやパキスタン、イスラエルなどは未加盟。

佐藤　そのとおりです。

山内　「悪業」は消えていないにもかかわらず、あたかもアサドが免罪されたかのように曖昧《あいまい》な政策をとったツケが反発を呼んで、結局、ＩＳの勢力を伸ばしていく結果につながったわけです。

外来のイスラームは悪い、土着のイスラームはいい

佐藤　一方、プーチンの政策は極めて単純で、要するに第1期のプーチン政権が成立するときのプロセスで、彼らは土着のムスリムと外来のムスリムという二分法を使いました。例えば、チェチェンやダゲスタンに集まってきている中東系のチェチェン人やチェルケス人の義勇軍というのは、伝統的なシャフィイー法学派[*18]の系統ではなくて、ハンバリー[*19]つまりハンバル法学派の影響を強く受けています。

山内　ソ連末期のときに中央アジアあたりで戦闘的な原理主義者が現れたとき、「ワッハービー」[*20]と呼んで反体制分子として警戒したことがありますね。

佐藤　ええ。ロシア語でいうところの「ワッハービー」というレッテルを貼っ

＊18　シャフィイー法学派
スンナ派で公認されている4大法学派（他にマーリキー学派、ハナフィー学派、ハンバリー学派）の一つ。法の理論が法の実際上の運営に先駆けて整備されたため、理詰めに法の解釈をする傾向。インドネシア、マレーシア、東アフリカなどで主に広がる。

て、「外来のイスラームは悪い、土着のイスラームはいい」と二分したんです。

山内　「イスラームは悪い」といった欧米の一元的な価値観でないところが、16世紀にタタールを征服したモスクワ大公国[*21]以来イスラームに接してきたロシアらしいですね（笑）。

佐藤　これが実はキリスト教政策にも反映されているんですよ。「外来のカトリックは悪い、土着の正教はいい」という構図です。プロテスタントもＯＫなんです。17世紀からすでに存在していたという理由で。

山内　ウクライナ問題も、ロシアからすれば似た構図ということになる。

佐藤　そういう構図になるようにもっていったんだと思います。それだからプーチンとしてはあのときに、とくにアサド政権を支持するということよりも、とにかくこの中東チェチェン人がシリアで大きな影響を与えるようなことになったら困る。それによってアサド政権が崩壊してしまうようなことにでもなれば、そこに生じた空白地帯には、アルカイダなどの影響が入ってくる可能性は高い。そうすると、また中東チェチェン人が活気づく。中東チェチェン人の義勇兵が北カフカースに入ってくるとロシアの安定に影響が出てきます。こういった非常に狭い視点というか、ロシアは自国の利益しか考えていないんです。

＊19　**ハンバリーつまりハンバル法学派**
スンナ派の４大法学派の一つ。極めて保守的な法学を求める。主にサウジアラビアで支持される。

＊20　**ワッハービー**
18世紀半ばにアラビア半島で起こった復古主義的なイスラーム改革運動を目指した者を指す。主にスンナ派に属する。ワッハーブ派はサウジアラビアの国教でもある。

＊21　**モスクワ大公国**
14～16世紀にかけてロシアの独立と統一を達成した国家。１４８０年、イワン３世の時代に、キプチャク汗国の支配を脱し、ロシア帝国の礎となった。

山内　ソ連このかたロシアの中東政策は、自国の利益が第一（笑）。中東チェチェン人の存在はいまのＩＳのチェチェン人軍事幹部の活躍を考えると実に大事な御指摘ですね。

佐藤　こういった連鎖から見ても明らかなように、アメリカがシリア攻撃を躊躇《ちゅうちょ》する必要はなかったんですよ。

トルコはIS問題の救世主になれない

佐藤　話を再びＩＳに戻します。２０１５年1月に起きたＩＳによる日本人人質殺害事件[*22]にはまさに震撼させられました。いまや日本もＩＳ問題に巻き込まれた当事者として直接的に関わらざるを得ない状況にありますが、まだその実情には程遠いという印象は拭えません。

山内　最近のトルコのエルドアン大統領によるＩＳと国内クルド人への同時攻撃は、かつて自賛した「隣国との問題ゼロ」外交の破綻と総選挙敗北の結果です。ＩＳを手駒とする外交の限界を如実に露呈させました。ところで、中東問題の専門家のなかには、人質問題の解決には、トルコが重要だとか、エルドア

＊22　日本人人質殺害事件　２０１５年1月、シリアの都市アレッポで身柄を拘束されたジャーナリストの後藤健二氏と、民間軍事会社代表の湯川遥菜氏をＩＳが殺害。1月当時には、ＩＳによって動画投稿サイトなどに2億ドルの身代金を要求する映像も流された。

ン大統領がさも良心的であるかのように発言した人もいましたね。

佐藤　それは頓珍漢《とんちんかん》な見方ですね。日本のメディアのなかで、ISによる日本人人質殺害事件の緊急連絡本部、対策本部をヨルダンに置いたことを批判する人がいるんですが、そもそもISが何語を話しているんだという話ですよ。アンカラの大使館とかイスタンブールの総領事館に置いたって、あそこはトルコ語を話す人しかいないですから。情報収集すらできません。

山内　いちばん大事な話から始めれば、25カ国と推定される国から最大で8000人、少なく見積もっても4000人ぐらいの外国人がISに向かった際に、ISの支配領域にどうやってたどりついたのかということです。

それからどこの国でも、いまはパリでも東京でもワシントンでも、シリアに2000ドル以上を送金できません。ましてやISが支配している地域や都市に送金するのは不可能なのです。ただし例外があります。ウィーンにあるトルコの各銀行支店、あるいは北[*23]キプロス共和国というトルコしか認めていない未承認国家にあるトルコの各銀行支店を通せば大金が送れるという現実がありま す。

それから人口20万人と推定されるラッカを「首府」とするISの支配地域の

＊23　**北キプロス共和国**　キプロス島北部に位置し、1983年、キプロス共和国からの独立を宣言。隣国であるトルコは軍事的な後ろ盾となって北キプロスを支援した。トルコ以外の国からの国家承認は受けていない。

住民用の医薬品・食料はじめ、日常生活必需品が、戦争や内戦状態で、いったい誰が保障し、どこを通して入ってくるのか。その答えは、トルコからシリアにかけての国境地域にカギがあります。シリア入国のトラックがずらりと並んでいました。

佐藤　人道支援という名で入ってきたわけですね。

山内　そのトラックが次から次へとシリアに向けて入っていきました。しかし、そうしたことを許したトルコの思惑はどこにあるのか。この分析がありませんでしたね。トルコはＮＡＴＯ[＊24]（北大西洋条約機構）加盟国であると同時に、形《けい》骸《がい》化《か》しているにせよアメリカの同盟国であることに変わりはない。さらに、対ＩＳでコアリション（有志連合）を組んだ元来のメンバーとしてトルコも名を連ねている。ところが一方で、ＩＳへの便宜供与をしていたのは非常に奇妙なことです。

　大事なのはここから先です。これは一見すると確かに奇妙に見えるけれども、よく考えればそうではなかったのです。要するに、トルコのエルドアン大統領はアメリカを信用していなかったということです。まさに先ほどの佐藤さんの御指摘のように、イランとの接近と宥和を進めたオバマが、結局のところ、イ

＊24　ＮＡＴＯ　第２次大戦後の１９４９年に締結された西側諸国による国際軍事機構。冷戦終了後には東欧諸国も加わり、28カ国に（２０１５年３月）。

ランの最終的な核武装は止められない可能性に気付いているのではないかということです。ここに不信感をもつ点では、エルドアンはイスラエルのネタニヤフやサウジアラビアのサルマン新国王とも共通しています。

佐藤　今回、クルド人への攻撃に踏み切ったエルドアンの内政的な意味はどのあたりにありますか？

山内　連立政権の形成に失敗したために、早晩総選挙のやり直しがおそらく行われるでしょう。そこで議会多数派に復帰するには、6月の総選挙で失った右寄りの反クルド票を取り込む必要があります。トルコのPKK（クルディスタン労働者党）への攻撃再燃は、前回に野党各党へ流れた反クルド票を取り戻して、クルドとの和平や妥協の気運を止める右寄りポピュリズムの表れということですね。不本意とはいえISとの対決を掲げたのは、米国主導の対IS作戦への参加を名分としながら、クルドとの対決に米欧NATOの理解と支援を求めるためです。インジルリキ基地からの米英機のIS空爆も許しました。しかしエルドアンのホンネは、あくまでもISとはできるだけ対決を避けて、PKKにつながるシリア・クルドやアサドへの盾としてISを使い、国内テロも避けたいというものです。トルコの面白いポンチ絵を最近見ました。エルドアン

奪還したイラク北部ティクリートで、引き降ろしたイスラム国の旗を持つシーア派民兵たち。

がクルドのＰＫＫに落とす爆弾６発とＩＳに落とす爆弾１発を抱えています。この数の違いがエルドアンのホンネというのでしょう。しかし、ちゃんと次の絵にオチがあって、このＩＳに向かう予定の爆弾１発もＰＫＫに６発と一緒に当たるというのです。

佐藤　なるほど。すると、エルドアンのプラグマチックな外交におけるクルド問題の扱いは今後どうなるのでしょう。

山内　北シリアからイラクにかけてクルド人の居住地域が高度の自治国家か独立国家になりかねない勢いにあることは事実ですから、トルコの南に不安定要因ができかねない状況を抑えるには、同じスンナ派のＩＳにも保険をかけて均衡要因として利用することが得策なのです。ＩＳが完全に消滅してしまえばクルドの強大化を促し、アナトリア東南部の不安定や分離の危険によってトルコ共和国の枠組み自体が毀損《きそん》しかねない。ＫＲＧがいまの自治政府くらいのレベルから北イラクだけでデファクトな独立国家になる分くらいは覚悟している。ですからＫＲＧとの友好関係は、ＩＳとの均衡政策を図る意味でも維持する必要はある。トルコの考えはこういったところでしょう。

それからもう一つ、エルドアンは６月の総選挙の敗北で相当に力を削がれて権限を強化した大統領への道、つまり憲法改正は相当にむずかしくなった。その分だけアメリカへの懐疑心は、ますます募ることでしょう。なにしろ、エルドアンはオバマ政権が政敵のギュレン運動[*25]を支援して自分を倒そうとしているという陰謀理論にはまっていると言われています。つまり、アメリカにとって主敵はイランでなく、エルドアン政権のトルコなのだ、と。

もしISがもろくも倒れると、アサド政権が再び力をつけて、アラウィー派の領域、ヒズボラの南レバノン、イラクのシーイスタンというシーア派地域の力がイランまで延伸することによって、トルコはイランの脅威を直接に受けることになる。この事態に対しては、きちんとくさびを打っておきたいでしょう。スンナ派の総本山オスマン帝国と、シーア派の牙城サファヴィー朝の対峙以来、長い間に共存と対決を繰り返してきた両国の遺伝子は消えていないのです。

こうして、エルドアンによるISの利用などの〝神聖なるエゴイズム〟や外交の内政的利用もちゃんと理解したうえで、トルコに人質救出対策本部を置くべきだとか、トルコが仲介できるはずと言うのなら筋もとおっているが、どうもそうでもない。しかしトルコが救世主でもあるかのようにテレビで語るのが空気のようになってしまった。

＊25　ギュレン運動
イスラーム教伝道師のギュレン師を精神的指導者として活動を行うトルコでの市民団体による運動を指す。民主主義を掲げ、人権を重視する。トルコの民主化の原動力の一つにもなった。

佐藤　私も非常に危険だと思います。それこそ中田考[26]氏あたりは、トルコの赤[27]新月社を通じて、2億ドルの支援をISに振り替えろと主張しました。私はこれに対してすぐに、とんでもない！　というコメントを出し、いくつかの新聞に掲載されました。仮に振り替えたとしたら、その分浮いたお金は何になると彼は思っているのか。テロ活動に使われるだけです。それはテロ協力のための資金協力と全く一緒ですよ。

山内　要するに、あの2億というのは、安倍総理の表明した支援金をISの自由使用に委ねよということですか。

佐藤　そうです。

山内　それは空想的にも考えられない提案ですね。

犯罪者に拉致問題解決を頼むようなもの

佐藤　中田氏の場合、たぶんわかって言っている、確信犯なんでしょう。わからないで無邪気に言っているのではなくて。内藤正典[28]氏は逆に無邪気に言っているのかもしれませんけれども。

＊26　中田考
1960年生まれ。83年にイスラーム教に入信する。ムスリム名はハサン。著書に『イスラーム　生と死と聖戦』他。IS側とのパイプがあるとされ、2014年10月に北海道大学の日本人学生がISのジハード戦士に加わろうとシリア渡航を企てる際に、同大生の渡航を勧誘したと報じられた（本人は否定）。

＊27　赤新月社
イスラーム諸国にてつくられた人道支援団体で、戦争や天災による傷病者の救護活動を行う。

＊28　内藤正典
1956年生まれ。同志社大学教授。現代イスラ

山内　地上波テレビでいろいろ言っている人たちは無邪気だからでしょうね。解説者たちのなかには、「中田さんみたいな人がいるんだから、それを使えばいいじゃないか」とか「彼をパイプとして使ってもいいのでは」と軽々に言う者が少なからずいたらしい。私はその種の番組をいちいち見ていないから発言の背景を詳しくは知りませんが、そのパイプを実際に使うことを認めれば、どういう化学反応が起きてしまうのか、わかっていないのでしょう。学問の論理と革命の論理をそれなりに一体化しているらしい人物を、それらの二つを峻《しゅん》別《べっ》できると思い込んでもちあげる無邪気さや面白がる感覚がすごい。

佐藤　それは簡単なアナロジーで言えば、「赤軍派[*29]との連絡が取れる人がいるから、北朝鮮の拉致問題で赤軍派をパイプに使えばいいじゃないですか」という話と全く一緒ですよ。

山内　政治と革命の厳しい論理や情念を理解できないし、そうした修羅場を当然経験したこともない。

佐藤　日本にいる赤軍派の関係者で平壌をときどき訪れる人がいるから、そういう人たちにはルートがあるはずだ、日本赤軍の連中は平壌に長く住んでいるんだから、政府もその赤軍派にもっとお願いして、拉致問題解決を試みたらい

ーム地域研究、イスラームとテロの問題にも注視する研究者。著書に『イスラム戦争　中東崩壊と欧米の敗北』『ヨーロッパとイスラーム　共生は可能か』他。

＊29　赤軍派　1960〜70年代にかけて活動した新左翼系の過激派武装闘争組織。共産主義者同盟赤軍派。69年には武装蜂起のための軍事訓練を警察に一網打尽にされた「大菩薩峠事件」、70年には日航機を乗っ取り北朝鮮へ向かった「よど号ハイジャック事件」等を起こす。

いじゃないかと、そういう話と一緒です。

山内　極端な話をすれば、監獄にいる係累や関係者を釈放して国家の一大事にあたらせればいいというのと変わらないからね。権力と本当に対峙したり、逮捕・弾圧されて公民権を失う厳しさを一度も経験したことのない日本人専門家の甘さでしょう。

佐藤　犯罪者を釈放して平壌に行ってもらって、拉致問題の解決に使えばいいじゃないかということですね。アナロジーとしてみれば、そういう話でしょう。成立し得る話ではない。やはり、そのあたりがコメンテーターたちは軽いんです。ですから私はテレビをほとんど見ません。ジャーナリストの池上彰氏も言っておられましたが、「テレビは出るものであって、見るものではない」と。

山内　なるほど、それは巧《うま》い言い方ですね。

佐藤　池上氏は、今回、コメントを発しているなかでは、とてもバランスがとれていました。こういったときに、まともな人か、まともじゃない人か、すぐわかります。

山内　イスラーム研究や中東が専門だからといって、中東やイスラームの構造や本質を直観的に理解できる人に優るとは言えませんからね。

佐藤　同様に、ロシア研究やユーラシアが専門だからといって、ロシアがわかるとは限らないし、こういうときの判断材料は、その語り手に良識があるかどうかです。

山内　公民として普通に常識ある判断をするのがまず不可欠なのです。

佐藤　これはロシアでもイスラームでもよくある話です。イスラームの専門家、ロシア研究者という肩書きがあれば、出鱈目《でたらめ》なことを言っても許されてしまう傾向はあります。

ニヒリズムとしてのIS

佐藤　ＩＳによる日本人人質殺害事件が起こる前の２０１４年10月、休学中の北海道大学の学生がＩＳへの渡航を企てた事件[*30]が起こるなど、おかしな事態が頻発していました。その時点のことを、再考してみたいと思うのですが、北大の学生は何故そのようなことを図ったのか。少しスケールは小さくなりますけれども、一種のニヒリズム感だったのではないか。渡航の理由を彼は「就職活動がうまくいかなかった」と語っていたといいますが、要するに、将来の展望

＊30　**北海道大学の学生がＩＳへの渡航を企てた事件**　２０１４年10月、北海道大学の男子学生がＩＳに戦闘員として加わるためにに渡航を図った。数学専攻だった同学生は、東京の秋葉原にある古書店でシリアでの求人広告を見て連絡を入れたが、渡航前に警察による家宅捜索で学生のパスポートが押収されたことで未遂に終わる。

がない、もうどうなってもいいんだという発想だったのではないでしょうか。

山内　それはわかりません。しかし、基本的には豊かになった日本社会の「繁栄の代償」でしょう。一人で死ぬことが怖い、痛いから、人を殺して死刑になりたいという倒錯した論理を持つ若者たちもいる。その学生も、安定した日本社会から離れて、戦場で死んでも自分一個の存在感を確認したかったというのでしょう。仮に「戦死」する場合でも徐々に五臓六腑が引きちぎられる痛みや、ISに拷問や処刑を受ける恐怖を味わうことを想像していないのが信じられない。

佐藤　中田考氏が北大生の渡航のために手を貸していたことは多くのかたがまだ記憶されていると思いますが、中田氏は朝日新聞のインタビューに答えて、人は面白く生まれて面白く死ねばいいんだと、こういうようなことを言っている。これなんて本当にニヒリズムだと思うんです。

山内　それはすごい発言だ。聖戦であれ何であれ戦争の悲惨な現実をアニメや漫画や格闘技の描写レベルで考えていると言われても仕方がない。高等教育を受けていながら、知的イマジネーションのなかで、他人を死に追いやる危険への畏《おそ》れや、人を死地に送り自分を安全地帯に置く「罪悪感」への懐疑心が欠如していることに驚きますね。己の生き方についてだけ個人的に責任を持つというなら、裡《うち》なる信仰上の問題であり、ニヒリズムも一つの選択かもしれない。しかし、それを他人に強制・勧奨したり、集団化すれば、ハワーリジュ派[*31]やジャコバン[*32]やボリシェヴィキ[*33]といった粛清や抹殺の論理につながるのです。ＩＳのもとに行きたい人間を行かせる、あるいは、手伝うことが自分にはできるから助けようとした、と語った人びとは、結局、人が自死するために出かけることや、人を殺すかもしれない危険な場所に向かうことを積極的に阻止しようとしないのですね。「聖戦」であれ「移住」であれ、他の目的であれ、若い命が失われるかもしれない可能性に痛ましさを感じ、危険な行為は阻止されねばならないと考えるのは日本の公民としての義務といってもよいでしょう。ましてや、大学で若者の教育にあたる者ならなおさらのことです。そうした感情は、人間の本性であり公民として至極普通の常識のはずなのですが、そうは考えないらしい。もっとおぞましいのは、このような主張に近いジャーナリストや専門家をテレビのスタジオに生出演させ、新聞記事でも紹介し書かせる一部メディアの特異体質でしょう。私も、ＩＳの日本人殺害事件の少し前に、民放のトーク番組に招かれたことがありましたが、ＩＳの代弁者めいたジャーナリスト

＊31　ハワーリジュ派
イスラーム教初期の政治・宗教的党派。第４代カリフのアリーが対立していたムアーウィア１世との間を調停によって収拾をはかろうとしたことから、反対派の一部がアリーの陣営から離脱し、成立した。外に出て行った者、退去した者を指す。

＊32　ジャコバン
フランス革命時代の政治結社。パリのジャコバン修道院を本部とする。ロベスピエールを中心に独裁体制をしき、急進的な改革を進める恐怖政治を展開した。

＊33　ボリシェヴィキ
１９０３年の第２回党大会でロシア社会民主労働党が２つに分裂。そのう

と一緒だというので断りました。テレビの地上波には、ＩＳの文明論的な位置づけやメディアの役割をきちんと論じるよりも、ＩＳの本拠地を映像取材したジャーナリストの出演のほうをありがたく思う傾向がある（笑）。このジャーナリストが何故ＩＳの蟠踞《ばんきょ》する地域に入れたのか、彼に何故取材許可が出たのか、を尋ねようともしない。当人にも日本の若者がＩＳに参加することを訝《いぶか》しく思った形跡はありません。

佐藤　たとえ近代主義だ何だと言われようとも、人を殺すことは間違っています。公民として当然のことですよね。

山内　聖戦なるものへの日本人の参加や「戦死」といった事象に関して、こともなげに不安感もなしに語れるというのが私には驚きなのです。市民を平気で拷問にかけ処刑の恐怖に追いやったスターリンや毛沢東やアラブの独裁者による悪《あ》しき事象への憂鬱な無力感ともいうべき過去の重荷が抜けているのです。

佐藤　ニヒリズムという補助線を一本入れると見えてきます。

山内　そうかもしれません。しかし、歴史的にニヒリストは、どんな人間でも法の支配下で安全に庇護されている日本や欧米の市民社会で高らかに聖戦や殉教や移住の意味や自己犠牲の意義をわざわざ唱えたりしない。ましてや、朝か

ちのレーニンが率いた左翼の多数派を指す。ソ連共産党の前身となった。その後、指導者となったスターリンの１９３０年代に、反革命罪として政治家のみならず同党の一般党員、民衆にまで厳しい粛清を行い、死刑判決や強制収容所へ送るなどの処分が頻発した。

らテレビに生出演したり、記者クラブで悪びれずにものを語る「積極的な主人公」になることはないでしょう。

山内　私はどうしてもツルゲーネフの『父と子』[*34]を思い出してしまうのです。とくにニヒリストをたしなめる或る年長者は、君たちが虚無のなかに、空気のない空間にどんなふうに生きるか、ながめさせてもらおう、と語るあたりです。

佐藤　通常、ないですね。目的が合理的ではありませんから。

佐藤　そのとおりだと思います。IS渡航事件に関しては、オピニオン誌『WiLL』の記事（15年4月号「テロリストvs公安外事三課の闘い」）が面白かったんです。大島真生氏という産経新聞の記者で、筆致からたぶん公安部に相当近い人だと思うのですが、そこで初めて、当時、「元大学教授」と報道された中田氏が北大生に何を言ったのかが、鍵カッコ付きの言葉でちょっと出ているんですね。要するに、ジハード戦士として現地に入るということについて軍司令官と連絡をつけた。先方のイスラーム国は歓迎すると言っている――こういうことを言ったんだと。この情報は警察がたまりかねて流したと思うんです。

山内　その場合、この元大学教授は、ISに関わる自分のポジションをどうとらえていたのでしょうね。

＊34　父と子
1862年に発表された長編小説。時代の転換期に現れるニヒリズムを主題として、新旧両世代の葛藤を描いた。

佐藤　イスラーム問題に詳しい池内恵氏[*35]は、そういう人（ジハードのための渡航を求める人）が頼ってきたとすれば手助けをするという信念で行った、として、元教授のとった行為を擁護していますね。池内氏は何を考えてこういった発言をされたのか、私にはわかりません。

人を殺すことを正当化する論理

山内　私にも皆目わからない。それを当然だとこともなげに語るセンスにまず驚きます。人を殺害することが、聖戦の論理なり、タクフィール[*36]の論理で正当化されるとして、さながら陽明学[*37]の知行合一のような在り方を極端に突き詰めていけば、人を殺しに行く、死ぬために出かけることや、それに助言することは、ムスリムとして正当化される――そういうことを言っているのですか。

佐藤　まさにそういうことなのだと思います。そのくだりを挙げてみます（中田考・著『イスラーム　生と死と聖戦』２０１５年・集英社新書に所収の池内恵氏による解説より引用）。

〈中田氏自身は日本の刑法に明確に触れるようなことはしていないと思います

＊35　池内恵　1973年生まれ。東京大学先端科学技術研究センター准教授。専攻はイスラーム政治思想史、中東地域研究。著書に『現代アラブの社会思想　終末論とイスラーム主義』『書物の運命』『イスラーム世界の論じ方』『イスラーム国の衝撃』他。

＊36　タクフィール　不信仰者の宣告。異端・背教のレッテルを貼り、罪状を一方的に裁くことを指す。

＊37　陽明学　明の王陽明が唱えた学説。朱子学の形骸化を批判し、時代に沿った実践的な倫理を説いた。そのなかの一つ「知行合一」とは、知（認識）と行（実践）とは表裏一体であると説いた言葉。

が、ジハードによる武装闘争をシリアで行うことには強く賛同していると見られます。「イスラーム国」についてはその手法の一部が適切ではないと批判していますが、イスラーム法学的に明確に違法とまでは言えないと解釈しているようであり、その存在を肯定的に見て、接触を図っていることは、公言している通り、おそらく事実であると思われます。

そのことだけでも、日本の法制度では刑法第九三条の「私戦」の予備あるいは陰謀に関与したととらえられる可能性が、法の解釈と適用の裁量如何《いかん》ではあり得るものであり、それも、現在の中田氏は自覚していると思います。日本の刑法の存在と実際の効力は認めているものの、本人の思想によって超越的な視点から日本の刑法の価値を（「永遠の相の下では」）限定的（あるいは無価値）ととらえているため、刑に問われる可能性を認識しつつも、それほど意に介していないのではないかと推測します。〉

山内　歴史や法のコンテキストで、人を殺すとか、人が死ぬことを正当化する事象の解釈を自分の専門研究分野で取り上げて議論すること自体は、国内法や国際法に明白に抵触しない限り、ありうることでしょう。しかし、イスラームの歴史的過去に関わる抽象性を伴う議論を、現実の具体性を伴う行動にそのまま落とし込んで、自分でなく他人の死を招く状態を導くとすれば、その死や犠牲に自分は関係がなく、学者や専門家として当人の意志を尊重したにすぎないという理屈は、とても法治国家で通用する議論ではないでしょう。外国で日本人の同胞だけでなく若い外国人の男女が未熟さゆえに洗脳もされ生命の危険にさらされる可能性があれば、それを否定し妨げようとするのが知識人としての勇気であり知的誠実さというものでしょうね。

佐藤　私もそう思います。しかし、池内氏は、私や山内先生とは違う考えのようです。池内氏の解説の引用を続けます。

〈中田氏は、今回の事案を受けてのさまざまなインタビューでおそらく公に認めていることではないかと思いますが（活字になっているかどうかは別として）、正しい目的のためのジハードで軍事的に戦うことは正しい行いであり、そのような行いを目指す人物が自分を頼ってきたときにはできるだけの手助けをする、という信念を持ち実際にその手助けを行っているものと思われます。これは、アラブ世界で（あるいはより広いイスラーム世界で）非常に多くの人が抱いており、可能であれば実践しようとしている考えであり、だからこそ国家間の取り決めによるグローバル・ジハード包囲網の効果が薄く、「イスラーム国」あるいはそれと競合する諸武装勢力への、多様なムスリム個々人による自発的な支援や参加が有効に阻止できていないのだと思います。

中田考氏が「イスラーム国」のリクルート組織の一員か？と問われれば、私は捜査機関ではなく、個人的に付き合いもないので本当のところは調べようがないのですが、イスラーム政治思想を研究し、グローバル・ジハード現象を研究してきた立場からは、「中田氏は組織の一員とは言えない」と推論します。〉

こういう言い方で池内氏は中田氏を守っていますね。

山内　問題の核心は、中田氏が組織の一員でない人間だとすれば、なおのことその人間が、戦争やテロに関わっている組織に人を送るか、或いは助言する行為を、むしろその種の運動やイデオロギーを一貫して批判してきたはずの専門家が弁護し正当化する根拠は何なのかということでしょう。イスラーム法学やイスラーム思想が専門だからといって、殺人や誘拐やレイプを日常化しているISに共感する論理を日本という社会で正当化できる理屈を展開できるはずもない。だとすれば、まるでイスラーム法なりISの規範が日本の法規範の上位にあると信じているように錯覚させる論理や、それに近い発言者を批判することこそその専門家の使命だと思うのですが。

佐藤　私もそう思います。

イスラーム研究者の整合性

佐藤　ここで問題視すべきは、知識人の在り方です。池内氏がＩＳについて表面上言っていることは、決して我々とそんなに遠くはないと思います。ただ、ちょっとイスラームの世界のことについては踏み込みすぎではないかと、信者だったらカチンと来ることをかなり言っていると思うのです。再び池内氏の解説から引用します。

〈しかし中田さんのイスラーム思想に関する見解に「解説」を寄せることができるなどというおこがましいことはもとより考えていない。〉

これはおもねっていますよね。さらに、

〈中田さんの思想は中田さんの言葉そのものから読み取ってもらいたい。

以下に再録する論考は、「事件」によって知名度を高めただけでなく疑惑の視線を受けるようになり、法執行機関の捜査対象となってしまった中田さんへの、法律家による弁護とは別の、思想的な弁護となることを、意図したものなので

ある。〉

　こう言っているわけですよ。

山内　当人は出身学科の「先輩」「後輩」という関係で語っているとも強調するようですが、思想的な弁護は、限りなく思想的な共感や支持に近づきます。この二つのどこが違うのかと良識ある普通の市民なら考えるでしょう。私は思わず、「悪しき盟友は盟友ではない」というロシア文学者ドブロリューボフ[*38]の言葉を思い出してしまいました。

佐藤　例えば、〈中田さんをめぐる疑惑と紛議の嵐が去って、本書がこの解説を要さなくなる日が早く訪れることを望んでいる。〉というくだりを読んで私は、「人は二つの椅子に同時に座ることができない」というロシアの諺《ことわざ》を思い出しました。

山内　その表現もありますが、別の言い方もあります。「問題なのは君が同時に二つの椅子に座れないことではない。君が二つの椅子に挟まれたうつろな空間に座ろうとするのが問題なのだ」と。

佐藤　そう。座る場所がないんだと。

山内　そういうことです。これはレーニンがベール・ボロホフ[*39]に対して言った

＊38　ドブロリューボフ　1836〜1861年。ロシアの文学者、社会批評家。革命的民主主義の立場から文学の社会的・政治的意義を主張した。急進的論評で青年を感化した。著書に『オブローモフ主義とは何か』他。

＊39　ベール・ボロホフ　1881〜1917年。ウクライナ生まれのユダヤ人。シオニズム社会主義の祖であり、いまのイスラエル労働党の一源流となる。

言葉ですよ。

佐藤　僕の率直な池内氏の印象は、怖がりなんだと思うんですよ。あの人は攻撃的な文を書きますが、実際のところは小心だと思うんです。ＩＳについて激しく非難したので、この人たちから殲滅対象にされるかもしれないという恐れが出てきた。

山内　つまり、保険をかけたということですか。

佐藤　そう思います。普通の人は気付かないかもしれませんが、我々、若干専門知識を持つ者の間になると、この人のインテグリティ（整合性）は何なのかという話になるんです。

山内　これまで日本という安全地帯にいてイスラーム世界の知識人や日本の学者の言説を「冷笑」してきた内容とのインテグリティが問われるということでしょう。とくに最近、内藤正典氏などを手厳しく批判したはずです。それと御指摘にあった中田氏への姿勢との間の違いはおかしいね。同時に、何もないぽっかりと穴の開いた空虚な空間に座ろうとしている点が知識人として問題だということです。

佐藤　そう、そこには座れないんですよ。例えば、中田氏に関しても何が問題かといったら、ISに合流しようとした学生を支援したという文脈で考えるのであれば、それでは異教徒の女性を奴隷にすることは、果たして合法なのかと。こういうことについて中田氏は語らない。世論やメディアの反応を意識してのことなのでしょう。

山内　ジャーナリストの後藤健二氏[*40]がISの人質となったときとほぼ同時期に拘束された、ヨルダン空軍のカサースベ中尉は焚刑《ふんけい》に処せられましたが、それが合法だったのかどうなのか、奴隷制復活や女性誘拐行為が正当化されるのかについて知る限りは語っていませんね。肝心なところになると、口をつぐんでしまい、自由な日本国という便利なアジール（聖域）に逃げ込んで法の支配と人権の保護を享受していると言われても仕方がない。ISの残酷な統治の現実や、志願して入りながら後悔した人たちには、そのような人権や自由がないことを世界の人びとはみな知ってしまいました。日本のメディアもそうです。

佐藤　その意味においては、山本七平氏[*41]流に言うと「日本教徒」の一人なんですよ。

山内　仮に多神教徒や背教者の女性の奴隷は21世紀においても合法だという判断を語るなら、中田氏なりの論理の帰結としてはありえるでしょう。カリフの

＊40　後藤健二
1967年生まれ。番組製作会社を経て、96年、映像通信会社「インデペンデント・プレス」を設立。著書に『ようこそボクらの学校へ』『エイズの村に生まれて　命をつなぐ16歳の母・ナターシャ』『ルワンダの祈り　内戦を生きのびた家族の物語』『もしも学校に行けたら　アフガニスタンの少女・マリアムの物語』『ダイヤモンドより平和がほしい　子ども兵士・ムリアの告白』（産経児童出版文化賞受賞）。2015年1月、ISに拘束されてのち殺害されたとみられる。

アリーを殺したハワーリジュ派の下手人は処刑後に簀巻《すま》きにされて「火刑」になったようですが、カサースベ中尉は生きながらにして焚刑にされたわけですから、この違いは決定的に大きい。イスラーム史においても、あれほど残虐な処刑は滅多にないでしょう。専門家として、このあたりの事情をむしろ説明してほしかったですね。

佐藤　ＩＳの特徴としては、激しい党派闘争と併行しながら組織が続いている情況があります。特にシーア派に対する憎しみです。これは日本の文脈でも考察することができます。かつて日本の新左翼で内ゲバがありました。その例からすれば、短期的にああいう内ゲバみたいなことをやっていくと、組織としての求心力は案外もってしまうんです。

＊41　**山本七平**
1921〜1991年。評論家。70年、イザヤ・ベンダサン名で出版した『日本人とユダヤ人』がベストセラーに。その後、山本七平の名に戻り、多くの日本人論を展開。著書に『私の中の日本軍』『日本はなぜ敗れるのか』他多数。

第二章

地政学を抜きにして中東情勢は読み解けない

長い歴史のなかでも「地理」に変化は少ない

山内　最近、書評の必要もあって、翻訳されたロバート・カプラン[*1]の『地政学の逆襲』（朝日新聞出版）を面白く読みました。この本で感心させられたのは、マッキンダー[*2]やマハン[*3]だけでなく、歴史学者のウィリアム・マクニール[*4]やマーシャル・ホジソン[*5]の議論の紹介から始めていることです。マクニールは、『世界史』や『戦争の世界史』といった翻訳書でも知られているからともかくとして、『イスラムの冒険』（The Venture of Islam）の著者ホジソンの学説に触れていたことには驚きました。ホジソンについては、私たちの学部学生の時代にイスラームや中東や中央アジアに関心をもつ学生に一巻本の簡易版が必ず勧められたものです。いまなら当たり前かもしれませんが、近代以降のヨーロッパの西洋史や経済史の研究者の見方を「トンネル史観」だと批判した学者です。西洋史というヨーロッパ内部の因果関係だけを比較するトンネルめいた視野の狭窄《きょうさく》でものを見ていると論評しました。

中東の核心は歴史的に見てアラビア半島と「肥沃な三日月地帯」（ファータ

＊1　ロバート・カプラン
1952年生まれ。イラン・イラク戦争、アフガン戦争などを取材し、国際ジャーナリストとしての地位を築く。2009～11年には米政権のブレーンとして国防総省・防衛政策協議会のメンバーを務めた。2012年より米民間情報機関「ストラテジック・フォーカスティング」に所属し、地政学のチーフアナリストとして活躍。

＊2　マッキンダー
1861～1947年。イギリスの地政学者。海洋国家（シーパワー）から大陸国家（ランドパワー）への勢力拡大の脅威を訴え、東欧を支配するものがユーラシア大陸の中央部（ハートランド）を支配し、ハートランドを支配するものが世界を支配すると説いた。著書

イル・クレッセント）の二つの地域から成っていますが、この二つが人間の居住可能な地域つまり「エクメーネ」と古代人が名付けた地帯の両端を結びつける交易路上の商業拠点を占めていたとホジソンは論じたのです。当時の欧米人がアラビア半島といえば砂漠の不毛地という印象だけを持ちがちだったときに、北アフリカと中国西部に広がるエクメーネとの関連で乾燥気候地帯をきちんと位置付けていました。ヘロドトス[*6]が描いたヨーロッパと中国に挟まれた地帯を、マハンの海洋戦略論や冷戦理論の中東から離れて、独自の「ナイル＝オクサス（アムダリヤ川）」と呼ぶような独創性を発揮しています。肥沃な三日月地帯はともかくアラビア半島まで交易上の重要なルートに位置付けるというのは、非凡というほかなかったと思います。

逆転の発想で見れば確かに、アラビア半島のベドウィン[*7]遊牧民は北のシリア、北東のメソポタミア（イラク）、東のインド洋に接するオマーン、南のアラビア海やアフリカに抜けるイエメン、西の紅海に接するヒジャーズなど多少なりとも農耕や通商が可能な地域に囲まれていたからです。

ホジソンの考えに従えば、イスラームこそヨーロッパと中国とインドといったエクメーネを結びつける文明的な触媒だったということになるでしょう。東

に『デモクラシーの理想と現実』他。

＊3　マハン
1840～1914年。アメリカの歴史家、米海軍軍人。米海軍大学教官・校長を務め、海軍史を教える。シーパワー、海洋戦略の研究を行い、『海上権力史論』は大きな影響を与えた。著書に『海軍戦略』他。

＊4　ウィリアム・マクニール
1917年生まれ。カナダの歴史学者。シカゴ大学名誉教授。著書に世界中で40年以上にわたって読み続けられている『世界史』他。

＊5　マーシャル・ホジソン
イスラームの研究者。近代以降のヨーロッパにおける世界経済研究者の視野の狭さを、ヨーロッパ

西交易路の乾燥地帯であることは、戦略的に現代に至るまで、不安定な様相をつねに中東に強いる遠因になったともいえるでしょう。ホジソンが早くから触れた古代から続く地政学的な特性をとらえながら、現代の中東の複雑な構図を読み解く作業も基本的に必要ではないかと思います。

佐藤　小泉政権から麻生政権までの流れ、第1次安倍政権、福田政権は別としまして、麻生政権までの間に、不安定なこのあたりの話がクローズアップされました。地政学の開祖とされるマッキンダーの考え方が、ようやく日本にも70年ぐらいたって実質が伴われてきたのではないでしょうか。地政学の視座で語るということ、それは山内先生の力なくしてはなかったことだと思います。

山内　乾燥地域と農耕地域が重なるようにして存在しているのが中東の面白いところです。先ほどのアラビア半島と肥沃な三日月地帯は、石油や天然ガスというエネルギー資源が埋蔵されていたために、近代以降の歴史と経済を圧倒的に決定づける戦略的要地になりました。この意味では、それこそ神のみぞ知りたもうた超時間的・超歴史的な要因によってホジソンの予見した地域の重要性が決定づけられていたわけです。現代の中東は、エネルギーの要素がなかった時代に培われた地政学的に不安定な構造が、現代の石油や安全保障の要因に補

内部だけの関係性だけを議論するだけの「トンネル史観」であると批判を展開した。

＊6　ヘロドトス
「歴史の父」と称される紀元前5世紀のギリシアの歴史家。オリエントを旅し、その見聞に基づき、ペルシア戦争を主題とした東西抗争の物語を『歴史』として著した。

＊7　ベドウィン遊牧民
アラビア半島を中心に、中近東、北アフリカ一帯の砂漠に生活するアラブ系遊牧民。

強されるかたちでますます戦略的重要性を深めているともいえましょう。

　古代から現代にいたるアラビア半島と肥沃な三日月地帯の接する北西のシリア、北東のイラク、南方のイエメンの彼方にはホジソンのいう「政治的奥地」ともいうべき高原が広がっていた点も忘れるべきではないでしょう。シリアにとってのアナトリア高原、イラクにとってのイラン高原、そしてイエメンにとってのアビシニア（エチオピア）高原ということです。シリアもイラクもイスラーム勃興の7世紀に前後してアナトリアとイランを教化しイスラーム圏を膨張させる前線となりました。したがって、歴史的に見ればダマスクスとバグダードがそれぞれウマイヤ朝[*8]やアッバース朝[*9]の首都として繁栄するのは十分な根拠があったといえるでしょう。この両軸に連なるかたちで現在のアサド政権、ＩＳ、イラク中央政府の対抗関係が形成され、その周辺に内戦や代理戦争の当事者としてアラビア半島（湾岸諸国を含めて）と肥沃な三日月地帯（イスラエルやガザを含めて）の構成者が展開しているわけです。

佐藤　なるほど。地政学的に見ると、ＩＳの問題は、まさに起きるべき場所で起きているということですね。

山内　シリア、イラク、アラビア半島、イエメンとアラビア半島の要部をつな

＊8　ウマイヤ朝
661～750年。初期イスラーム王朝。ウマイヤ家のムアーウィヤ1世がダマスクスを首都として建国した。カリフの位をウマイヤ家が独占した。インド北西部からイベリア半島にかけての地域を征服した。

＊9　アッバース朝
750～1258年。ウマイヤ朝に続くイスラーム王朝。ムハンマドの血縁者がカリフとして統治すべきという考え方が生まれ、アッバース家がウマイヤ朝を倒して建国した。

いだのは、基本的には商人でした。孤児としてムハンマド自身がメッカに生まれながら遊牧民のもとに里子に出された後、少年時代に商人になって隊商に参加して「シャーム」まで訪れたと言われています。これはシリアのことでしょう。アラブでは遊牧民が商人に転じることもあれば、都市民が商人になるのは普通でした。

佐藤　「拡大シリア」だということですね。

山内　ええ。シャームとは、いまのパレスチナ（イスラエル）、ヨルダン、レバノンを含む「大シリア」を指したと考えるべきでしょう。ムハンマドは富裕な女性商人ハディージャに雇われて、シリアへの遠方交易に参加し、その商才と人柄を見込んだ15歳ほど年長のハディージャに求婚されました。

シリア、イラク、イエメンが注目されるのは、その後ろにつながる後背地（ヒンターランド）が広がりを持っており、歴史や地政学を決定してきたからです。シリアの北方に広がるアナトリア高原は、ビザンツ帝国[*10]やオスマン帝国[*11]の領土的心臓部であり、そこにある現トルコ共和国の首都アンカラは1402年にティムール[*12]とバヤズィト1世との会戦が行われ、中国の徐州のように四通八達の地だったとも言えるでしょう。

＊10　ビザンツ帝国
395〜1453年。東ローマ帝国とも言われ、ローマ帝国が東西に分割されて以後の東側を指す。キリスト教を国教とし、信仰と結びついた様々な活動はヨーロッパ文明に大きな影響を及ぼした。

現在のイラクも、古代のメソポタミア文明の繁栄を支えたのは、その背後にあるイラン高原です。地政学的に考えれば、イランとメソポタミア（イラク）はシーア派の広がりはもとより、ペルシア湾の海岸部の連続性など、決して切り離しては語られない場所でしょう。

イエメンは、オマーンがザンジバルや南アジアと結びついていたのと同じように、ここにはまさに海洋世界の論理があります。イエメンと現在のエチオピアにあたるアビシニアとの結びつきがあります。ですから、アラビア半島を砂漠ばかりの不毛の地と捉えるのは全くの見当違いで、また、相当量の石油エネルギーを埋蔵している故に重要だというのも不十分な答えになるでしょう。古代からの地政学的な位置と、現代の石油エネルギーの埋蔵地プラス国際テロや各種戦争の震源地という面を多元的に結びつけることで初めて問題が見えてくる気がしますね。

この点に考えを及ぼす一つのポイントが、佐藤さんの示された地政学という重要なキーワードですね。御承知のように、ハルフォード・マッキンダーの「ユーラシアのハートランド（中核地帯）」という発想は、主要な山脈や河川に沿って幹線交通網が存在する地球の形状が「帝国」の発展を動かすと考えまし

＊11　オスマン帝国　1299〜1922年。トルコのオスマン1世を始祖とするオスマン朝から発展したイスラーム帝国。第1次世界大戦に同盟国側に加わって敗北し、トルコ革命によって滅亡した。

＊12　ティムール　1336〜1405年。モンゴル系貴族の出身で、ティムール朝を創建。現在のアフガニスタン、イラン、イラクに広がる大帝国をつくった。オスマン帝国のバヤズィト1世（1389〜1403年）とアンカラの戦いで衝突した。ティムールは勝利し、バヤズィト1世らを捕虜にした。

た。彼は中心となる回転軸を中央アジアに求めたのですが、この考えはいまのロシア・ウクライナ関係、ISやサウジアラビアとイランとの対決などを同じ場で理解するうえでも示唆的でしょう。

マッキンダーの地理優位思想は誤解されがちですが、やはりいまでも大事なのは「地理」が長い歴史的スパンのなかでもそう簡単には変化しない要素だからです。歴史書の名著『地中海』(1949年)がフェリペ2世時代の地中海を分析するとき、著者のフェルナン・ブローデル[*13]は地理、地中海の自然環境から分析していきます。歴史の変動を考えるうえで、地理という不変に近い要素を無視することはできません。ましてや現代のようにシーチェンジ(大変貌)ともいうべき大きな歴史的変化が起きているときに、その変動の基盤を固めて議論していかないと、皮相なレベルの印象叙述で終わってしまう。

佐藤　現在の我々が地理に弱くなっているのは、戦前と戦後の地理の教科書を比べた場合に大きな違いがあるからだと思うんです。戦後は単なる「地誌」だけになってしまっている。地政学的な要素が少しでも出てきそうなものを全部排除してしまっているんですね。

山内　自然地理になって理科系の学問になってしまった、ということでしょう。

＊13　フェルナン・ブローデル
1902～1985年。フランスの歴史学者。20世紀の歴史学の金字塔『地中海』を著し、同書は第2次大戦後の歴史学に大きな影響を与えた。

佐藤　そうです、自然地理だけ。地理・地勢が政治的、外交的なものと結びつくことを非常に恐れているので、総論、方法論がない地誌にとどめられてしまっているのだと思います。だから、地理という分野は、限りなく観光案内に近い構成になっている。

根拠なき民族境界線の確定

山内　いま、アラブ研究者の議論ではしばしば、「諸国体制」という言葉を使う人もいます。「アラブは西欧帝国主義に分割された。だから人為的に国境を引かれて、根拠を持たない国境で一体性や統一性が寸断された」ので、諸国に分割されたというのでしょう。これは全くの間違いともいえませんが、シリアやイラク（メソポタミア）、イエメンは、何よりも古代から、イスラーム以前にさかのぼる豊かな歴史をそれぞれの地域が持ってきた。だからこそ、各地の名を冠した国家にそれなりの愛国心や吸引力があるわけです。「諸国体制」などと中東を括《くく》った言い方は、メソポタミアやシリアやエジプトのアラブ化やイスラーム化以前に栄えた文明を過小評価することになりかねない。

佐藤　そういう言葉を用いるかたたちは、逆に、極端なレベルでの道具主義なんですよね。例えば、中央アジアの民族境界線の確定にしても、部族的な根拠とか言語的根拠が全くないところにそれを引こうとしたとしても、それはできないわけです。何らかのシンボル操作を通じる、あるいは言語のちょっとした差異を通じる。そうした条件があるから、正書法の規則を定めることによって言語の分化も起きてくるわけで、いちばん難しいフェルガナ[*14]みたいなところは、やはりうまく行かない。しかしそれ以外に関しては、一応いま、タジク人なりキルギス人なり、ウズベク人の存在を否定する人はいないわけですからね。

山内　そうです。ウズベク民族も、つくられたときは語源的に「オズベク」というのは遊牧民を指す言葉でした。ブハラやサマルカンドなどの都市居住民は普通「サルト」と言われており、別のエスニック集団と考えられていました。でもサルトとオズベクが一緒になっていまの「ウズベク人」が形成されたときでも、日常語はまず近似していたし、ましてやアラビア半島と同じで遊牧民と定住民は全く隔離されていたわけではないですから。

佐藤　中央アジア史を専門とされている歴史学者の小松久男[*15]さんの面白い実証研究があります。この地域でのセンサス（全数調査）によると、それぞれの自

＊14　フェルガナ
ウズベキスタン東部の都市。タジキスタンとキルギスの国境地帯に位置している。

＊15　小松久男
1951年生まれ。東京外国語大学大学院総合国

己意識が変化していると。でも、それは上から強制されたということだけでは説明できないわけで、人々はそれに呼応していくわけですよね。

山内　そう。だから、イラクという国家の枠組みができると、イラク人や「イラク国民」という枠組みが不十分ながら成立するのです。抽象を具体化するのは現実の重さなのです。

佐藤　だから、イラク人になる者、シリア人になる者が全くいなかったというのは暴論です。そういうことになったらエジプト人も全くいないという話になってしまう。

山内　やはり豊かな歴史を持っていたからこそ、メソポタミア文明以来の誇りや自意識があってイラクも維持されてきたのです。ＩＳが一部を破壊したメソポタミアの古代遺跡や展示物に加えて、ローマ帝国時代のユネスコ世界遺産シリアのパルミラ遺跡あたりもこれからどうなるのか心配です。人口稠密《ちゅうみつ》地があれば、そこに植民地分割の論理で支配をしていく場合に、根拠となる中心地もあったわけですね。植民地分割とか委任統治のような支配の構造が確立する背景を知るには、古代にさかのぼって考察することもそれなりに意味があると思います。

際学研究員・特任教授。専門分野はアジア史、アフリカ史。著書に『革命の中央アジア　あるジディードの肖像』『イブラヒム、日本への旅　ロシア・オスマン帝国・日本』他。

佐藤　ご指摘のとおりだと思います。いまとても重要なのは、山内先生は「帝国」というものの視点をきちんと踏まえたところから地政学を展開されているということ。ところが往々にして、地政学となるときに、「帝国主義」を近代の帝国主義と混同して議論してしまう。近代の帝国主義というのは拡張したネーションステイト（民族国家）にすぎないんですよね。それが他国への侵略活動を展開していく。ナチス・ドイツにしても、ナポレオン率いるフランスにしても、そういったモデルから見てしまうんです。そうではなくて、そもそもヨーロッパモデルというものが、ある意味では辺境だということなんですよね。ギリシアとかも同様です。

山内　そうです。ただ、イスラーム文明ができたからといって、イスラーム文明やそれを中心的に担っていたアラブの文化が発展して、それが一つの政治的実体になる運命や根拠があったとする見方は単純すぎるわけです。アラブ統一を理想とする大アラブ・ナショナリズム、唯一にして不可分のアラブ領土を説く人たちの議論は、結局、イギリスの歴史学者アーノルド・J・トインビー[*16]の屈折した議論の延長と言われても仕方がない。一つの文明は一つの政治圏になるはずである。あるいはそうなるべきだったという理屈。しかし、専門家にと

---

*16　アーノルド・J・トインビー
1889〜1975年。イギリスの歴史学者。第1次対戦中に外務省政治情報部の外交官として活躍。ロンドン大学教授、王立国際問題研究所長、外務省調査部長などを歴任。東洋史、日本史の専門家や宗教者たちと討論を行い「トインビー・市民の会」など大きな影響力をもたらした。

って「あらまほしき姿」があるからといって、目の前の現実がそれを実現していないのは虚偽の歴史だというのは歴史の理解方法においてかなりおかしい。

佐藤　そうすると、『文明の衝突』（1996年）を書いた政治学者ハンチントン[*17]の主張と裏表みたいな格好になってしまうわけですよね。

山内　そういうことです。ですからイラクとイランの関係にしても、シーア派という枠だけでとらえると非常に狭い政治の枠でしか分析できない。イランの戦略性を理解しなくてはなりません。大きな中東圏の石油と天然ガスのほぼすべてが、ペルシア湾とカスピ海域に眠っており、この双方にまたがる国はイランだけです。ロバート・カプランが正しく指摘するように、世界の原油埋蔵量の55パーセントを占めるペルシア湾の全体を支配しているのはイランなのです。イラクとの国境地帯のシャット・アル・アラブ川からホルムズ海峡に至るまで1000キロメートルほどを押さえているということです。

イラン人の自意識には、古代のアケメネス朝[*18]ペルシア以来、ギリシアのポリス[*19]国家やエーゲ海の島々からアムダリヤ川、アフガニスタン、インダス川流域にいたるまで、地中海からインド洋まで伸びていた帝国意識や世界観がありま す。この二つの海につながる内海や入江のごとき位置にあるのがペルシア湾と

＊17　ハンチントン　1927～2008年。アメリカの国際政治学者。ハーバード大学政治学部教授。著書『文明の衝突』で、国際社会はいくつかの文明圏に分裂し、それらの対立・衝突で世界秩序がつくられていくと予測した。

＊18　アケメネス朝ペルシア　紀元前550～紀元前330年。キュロス2世がメディア王国を滅ぼし、その後、新バビロニアを滅ぼし、カンビュセス2世の時代にはエジプトを征服し、全オリエントを支配する大帝国となった。

いうことになります。

イランはどんなに弱体化しても、ユーフラテス川とインダス川との間に挟まれた地域にあり、人工国家でない歴史的に重みと由緒のある歴史を誇っています。イランという地域の成り立ちは、メソポタミアもイランというヒンターランド（後背地）があってこそ繁栄したということで重要性がうかがわれます。反対に、イラン高原もまた、ザグロス山脈の西からメソポタミアやシリアにつながっている。

アラブから生まれたアッバース朝は首都をバグダードに置きましたが、もともとイラン東部のホラーサーン地方を中心に教宣活動をおこない、ダマスクス中心のウマイヤ朝を倒す運動をしました。この「アッバース朝革命」の指導者アブー・ムスリムは、751年の[20]タラス河畔の戦いで高仙芝の唐軍を破った兵力の総帥でした。その広がりはイランから中央アジアにまで及んでいたのですね。イラクとイランの境界は截然《せつぜん》とスンナ派とシーア派との間に分かれていたわけでなく、むしろどの時代にもペルシア語を話す官僚や文人がこの地域では優勢でした。イランにとって、アフガニスタンから地中海沿岸に至る地域は、かなり強烈なイラン帝国の意識を培う舞台だったともいえるでしょう。

＊19　ポリス国家　都市国家。古代ギリシアの代表的国家形態。そこに暮らす市民の規模は数百名から数千だったとされる。

＊20　タラス河畔の戦い　中央アジアのタラス地方で、唐とアッバース朝イスラーム帝国という東西の帝国間で751年に起こった戦闘。高仙芝率いる唐は大敗を喫した。

佐藤　それだからイランは、アフガニスタンではあそこまで頑張ってハリリ派（シーア派）を支援しているわけですし、それからレバノンのヒズボラに対する支援というのも、合理性だけでは説明できないんですよね。

石油と軍事の要衝となるイラン

山内　運命の導く複雑さとでもいうか、やはり歴史とは、伝承と史実から成る記憶と記録、歴史の予測などを通して、ある種の決定論的な要素が人びとの考え方に複雑な陰影を与えることがあります。シーア派に帰依することになったイラン人にはとりわけ独特な綾が強いと思います。彼らの信奉する12イマーム派[*21]は、874年に父の死とともに突然姿を消した12代イマーム（最高指導者）が将来マフディー（救世主）となって現世に再臨し正義と公正をもたらすと信じています。この期間を「幽隠」（ガイバ）といいますが、再臨するまでの世界は仮のものだと考えます。

佐藤　要するに、そこにおいて時間の圧縮ができるというか、ツヴァイシェンデア　ツァイテン［Zwischen der Zeiten］、つまり、時間と時間の間というか

＊21　12イマーム派　イスラーム教シーア派のなかで最大の宗派。イランで大勢を占める。ムハンマドの女婿のアリーからムハンマド＝マハディまでの12人をイマーム（最高指導者）と定める。

たちでの終末論的な緊張をつくり出すことができるということですね。

山内　信者は絶対的確実性を持つ判断を得られないということです。

佐藤　だから、時間を圧縮できるドクトリンを持っているような思想って、強いんです。

山内　そもそもシーア派が成り立った背景には、初代のイマームのアリー（スンナ派では第4代カリフ）の暗殺に遠因があります。

佐藤　しかもスンナ派に殺されたわけではないですからね。

山内　厳密にいえば、そこから神学的に出たハワーリジュ派です。ムハンマドのイトコにして女婿のアリーが殺されたわけですからね。その子としてイマームの地位を継ぐべきホセイン（フサイン）も、680年にイラクのカルバラーでスンナ派のヤズィードというウマイヤ朝初代カリフのムアーウィヤの子にして第2代カリフになる人物に殺されています。この苦痛にみちた悲劇や怒りなどをバネにして成立したのがシーア派なのです。その意味では、佐藤さんの御指摘のように、時間の感覚をぎゅっと凝縮したようなシーア派のダイナミズムを否定できないでしょう。そこにプラスして、イラン人としての帝国的意識があるわけです……。

佐藤　ペルシア帝国としての。

山内　ポリス（都市国家）の連合体というべきギリシアと戦争したとき、東西対決の最初からイランは東の西に対する最前線にあり、東西冷戦の変種としての現在のアメリカとの国交断絶があるというわけです。

私がイラク戦争直後に政府文化ミッション団長としてテヘランに行ったときに、グローバリゼーションを主題としてイランの知識人と議論をしたことがあります。普段はよくしゃべるイラン人に各自の持ち時間厳守を強く迫り、かれらも守ってくれた。「やればできるじゃあないか」と褒めたものです（笑）。テヘランの知識人たちは「グローバリゼーションは、すでに我々が紀元前5世紀のペルシア戦争以来やってきたことだ。アメリカがいま言うのなら、我々もそれに応えていい。ギリシアはじめヨーロッパと対峙したときに、我々は勝利のうちにグローバリゼーションを実現していたのだ。アメリカがいまさら言うまでもないことだ」と。満々たる自信なのです。イランはかなり射程の違う時間軸と歴史観をもっていると見なくてはいけません。

いまの外交戦争だって、現在の状況ではアメリカが妥協してイランの勝ちに終わりつつあるわけですからね。基本合意でウラン濃縮に必要な遠心分離機を

1万9000基から6104基まで減らしても、核兵器生産に必要な20パーセント高濃縮ウランのさらなる濃縮を阻止できないからです。なおかつアメリカは、サウジアラビアやイスラエルという強い同盟国の猜疑《さいぎ》心を深めてしまいました。イスラエルのネタニヤフも、イランとの接近を知って、このまま黙って引き下がることはしません。それがオバマ不在の米国議会での3月3日のイラン非難、その実はオバマ批判の演説につながったと考えるべきでしょう。

佐藤　このままの流れだと、核の不拡散を目指したNPT体制も、アメリカの失策によって失われる危険性が相当ありますね。

山内　そのとおり。第一章でも語ったことですが、パキスタンからサウジアラビアに核が移ることを阻止できない。金にあかせて入手するということならば、アラブ首長国連邦やカタールなども可能性がある。エジプトやトルコも、資金問題にメドがつけば本格的開発に手を付けます。ヨルダンでさえ、核開発の能力と意思は持っており、ネックは金の問題だけですから。こうした核拡散は中東で際限なく起きる可能性があります。その危険性にオバマという人は全く気がついていない。

佐藤　そうなんです。だから本当に情勢認識も楽観的ですよね。

山内　イランという国を考えるとき、シーア派というファクターだけでなく、地政学的なファクターとしてイラン高原プラスユーフラテス川というファクターを入れて考えないとイランは理解できないでしょう。イラクをいつも意識せざるを得ない構造になっている。

佐藤　そういうことでしょう。

山内　古代からの歴史と地政学の基本構図を素描しておくとすれば、イラン高原は、西にギリシア文明圏につながるメソポタミアとアナトリアが位置し、東に黄河文明を生んだ中国がある。それから西南にインダス文明のインドがあります。ナイル川やチグリス・ユーフラテス川やインダス川で各地域が分けられるだけでなく、乾燥した中央アジアの草原、ステップで北とも一線を画しています。いずれにしても、カプランのいう「ボスポラス＝インダス」地域、ホジソンが語った「ナイル＝オクサス」地域の中心を占めるのは、イランだといってもよい。ですから、中東を常識的に理解しようとすればアラブを軸に考えればいいのですが、戦略的に中東を分析するにはイランを重視しなくてはならないのです。アメリカのオバマ政権は、歴代の政権と比べてこの点に気付いたとすれば上々吉なのですが、どうもそうでもないらしい（笑）。私の恩師はイラン史の専門家だったのですが、私は中東や中央アジアを全体として理解するにはイランを勉強したら、と至極ありがたい指導を受けました。その本田實信[*22]先生やホジソンの洞察力を学部学生の知的レベルでは理解できなかったのです。学部から修士課程にかけていっときはペルシア語も読めるようになったのですが、その後イランから遠ざかったのは残念でしたね。

今日に至るまで中東というのはいろいろと難しい地域です。そもそも中東［The Middle East］という名称は戦史戦略研究家のアルフレッド・セイヤー・マハン（第二章「＊3」参照）がつくったものです。マハンは「アジアの係争地」という意味でこの中東を重視したのです。おそらく、ロシアというランドパワーとイギリスのシーパワーとの間の係争地というニュアンスです。私は、こうした中東の位置を『中東国際関係史研究』（2013年）のなかでグレートゲームと東方問題の結節という観点から考えたことがあります。

そこでも、帝国ながら「国民国家」としての分裂を起こさなかった非常に希《け》有《う》な例がイランでした。帝国であると同時に、サファヴィー朝[*23]などの王朝国家をイラン人がつくったという意味で「国民国家」と呼ぶ専門家も多いのです。しかも、イランは南東ヨーロッパからウクライナやロシア、地中海から黒海へ

＊22　本田實信　1923～1999年。歴史学者。モンゴル帝国史、イラン中世史を研究。著書に『イスラム世界の発展』『モンゴル時代史研究』他。

＊23　サファヴィー朝　1502～1736年。アフガニスタンからペルシア湾に及ぶ地域を支配した。イランの王朝でシーア派を国教とした。

つながる地域に大きく立ちはだかっています。北を見ればまさにマッキンダーが言ったハートランド（ユーラシア大陸の中核地域）たる中央アジア、それと唇歯《しんし》の関係にあるカフカースにもじかに接しています。そして東側では中国やインドにも接しており、ペルシア湾岸とカスピ海両方に面しているただ一つの国なのですね。さらに重要なのは、周囲をすべて核保有国に囲まれている現実です。北のロシア、東北の中国、東北のパキスタンとインド、西のイスラエル、そして南の……。インド洋を遊弋《ゆうよく》している第五艦隊、つまりアメリカもイラン周囲国の一つなのです。この強迫観念がイランの安全保障上の危機感をいや増している。

さらに言えば、世界で有数の石油や天然ガスの埋蔵量を誇る地域にまたがっているというわけです。天然ガスの埋蔵量は970兆立方メートルで世界2位、石油は1330億バレルで世界3位。それぞれ世界の確認埋蔵量の40パーセントと70パーセントぐらいになるかもしれません。こうしたユーラシアを扼《やく》する点は、歴史はもとより地政学的な意味でも現実的な戦略論から見ても重要性ははかりしれない。

ここからは佐藤さんの教養と知識の分野になりますが、比較言語学、比較印欧語学の分析では、ヨーロッパ人も古代ペルシア語やサンスクリット語を勉強するのが基礎になりました。

佐藤 いわゆる印欧語族[*24]であるということですね。

山内 自分たちの言葉、印欧諸語のもともとの故郷なのです。

佐藤 アーリア人神話ともちょっと結びついてきますね。

山内 そうですね。そもそも「アーリア人［Aryan］」という言葉が「イラン［Iran］」と同根だということにもなってくる。

佐藤 いまおっしゃった視点からすると、例えばヘーゲル[*25]の『歴史哲学講義』を読み方を少し変えてみたらいいと思うのです。インド文明、シナ文明、ペルシア文明があって、それからギリシア文明に入ってくるという感じで、ヘーゲルはあたかも時系列のごとく書いています。ところが、これを時系列として読まないで類型として読めばいいんですね。類型として読むならばヘーゲルの指摘は正しいわけで、そうした経緯から中東は独自の世界を構成していて、その文脈がこの地域でいまも生き続けているということだと思うんです。

山内 結局、いま触れた西欧文明（ヨーロッパ文明）を西に、東には中国文明があり、インド文明もある。つまり、イランは、西は地中海やヨーロッパの平

＊24 印欧語族
インド・ヨーロッパ祖語から分派して発達。インドからヨーロッパにかけて分布する大語族。

＊25 ヘーゲル
1770〜1831年。ドイツの哲学者。ドイツ観念論を完成させた。著書に『精神現象学』『大論理学』『歴史哲学』他。

原、東は広大な中国を抱えるユーラシア大陸に接しながら、ステップやその南辺や東辺の農耕地域につながる。アフガニスタンに延びるヒンドゥークシュ山脈を越えて、山岳地域であるかのように見えながらもカイバル峠を越えると一《いっ》瀉千里《しゃせんり》にインド平原につながっていく。そして南はアラビア半島のルブアルハリ砂漠などにつながっていく。その間にはカフカース山脈からチグリス・ユーフラテス川やナイル川、インダス川が広がり、カスピ海や黒海という内海に接する中東という地域の中核ともいえます。このイランの役割を何度も戦争や内政干渉をしている経験から、ロシアあたりは十分に自覚しています。

佐藤　それは間違いないですね。

山内　最近のイランは、シーア派国際革命の輸出、佐藤さんが言われるところの「世界暴力革命」、私も「国際イスラーム革命」という言葉を使いますが、ホメイニー以来シーア派はいまのハーメネイー[*26]に至るまで、まず第一に湾岸地域、次に中央アジアの順番で革命の輸出を考えていました。しかし、これまでは湾岸だけで考えていたアラブ世界へのホメイニー[*27]の「国際イスラーム革命」の構想が、むしろいまやアラブの中心にして楔《くさび》であるこのファータイル・クレッセント――。

＊26　ハーメネイー　1939年〜。イラン・イスラーム共和国の第2代最高指導者。初代最高指導者ホメイニーの死後、後継者に選ばれる。

佐藤　肥沃な三日月地帯。

山内　そう、そこに及ぶようになってきました。さらには、アラブの発祥の地、イスラームの生誕の地であるアラビア半島、古典古代風にとらえればヨーロッパ人たちが言ったようなアラビア・フェリックス［Arabia Felix］「幸せなアラビア」の地域がいまやアラビア・フェリックスではなく、ペルシア・フェリックス「幸せなペルシア」になりかねないのです。これがサウジアラビアには悪夢としか言いようがありません。

サウジの安全保障を脅かすイエメン

山内　この意味でもイエメンの現在の現象をどうとらえるか。これはなかなかに大きなテーマなのです。イエメンをただ単純に内戦の観点からとらえてはだめでしょう。中東秩序の変容との関係で議論すべき大事な問題です。

佐藤　ここでもイランが主要なプレイヤーになっています。いずれにせよ、第1次大戦中にオスマン帝国の分割を決めた「サイクス・ピコ協定」、これが急速に崩れていますね。

＊27　ホメイニー
1902～1989年。イランの初代最高指導者。シーア派の法学者でシーア派最高宗教指導者（大アヤットラー）の一人。

山内　崩れています。

佐藤　あるいは、あんな体制のままでもち過ぎてしまったのかもしれません。

山内　そうですね。

佐藤　だからＩＳの最大の影響というのは、サイクス・ピコ協定がもはや存在していないことが可視化されてしまったことでしょうね。これまではこの協定がいまだこの地域を支配している印象を誰もが持っていました。イエメンだってそうですよ。国家統治なんかできていない。みんなそう思っていたんですね。以前からそうでした。しかし、ＩＳができたあとの違いは何かというと、協定国境の崩壊が白日となったということですよね。

山内　極端に言うと、イエメンはまとまった国家統治機構をそもそも持ったことがない国だったのです。

佐藤　要するに、戦国時代が続いているような感じですね。

山内　まさにそうです。つまり、イギリスは南イエメンをアデン保護領として植民地化したものの、北イエメンを植民地化せずイエメン王国として自立に委ねました。性格の違う南北イエメンが併存したわけです。北イエメンで反王制革命が起きても、王党派はサウジアラビアの後援を得てエジプトのナセルが支援する共和派と対抗し、内戦は1962年から70年まで続きました。その後に南北イエメンは合体するのですが、イエメンではインドなどのイギリス自治領や植民地でそれなりに機能した官僚機構や統治システムをきちんと持てなかったということですね。極端にいえば、ビルマ（現ミャンマー）やアフガニスタンと比較してもイエメンの複雑さには独特なものがあります。アフガンよりも厄介な面は、ザイード派[*28]というシーア派が主導権をとりながら、周辺のスンナ派アラブとくにサウジアラビアと対抗する現状がいまもあるわけです。権力を事実上掌握したザイード派に連なるフーシ[*29]（[Houthis]）にイランがテコ入れをすることで、サウジアラビアとイランが対決しているという構造も見えてくるのですね。

　結局、植民地化されたにせよ、自立していたにせよ、イエメンというまとまりが近代から現代にかけて成立しなかったことは、統一国家ができてもそれへのアイデンティティや忠誠心や帰属意識が希薄だということになります。オスマン帝国やイギリスというイスラームとヨーロッパを代表する二つの帝国がイエメンを全体的に支配したことがないのですから、官僚制や行政の未発達とあいまってサレハ[*30]前大統領のような独裁者の長期統治や特権支配を許す一因とも

＊28　ザイード派
イスラーム教シーア派の一つ。アリーの曾孫ザイードの名に由来する。ザイードとその子孫をイマームとして認める。

＊29　フーシ
ザイード派の武装組織。指導者はアブドルマリク・フーシ。イエメン北部を拠点に活動する。

なります。結局、そこで何が起きるかというと、自分の身は自分で守るという本能が伝統として成立するわけです。例えば、チェチェン人がいつでも歩くときには——。

佐藤　刀を持って歩いていると。

山内　そう。刀を持って歩いたのは、もともとは自分たちの羊や山羊を野生の獣たちから守るためだったのだけれども、相手がロシアという侵略者、植民地主義者が来たとしても、同じ防衛的な殺人を平気でやってしまうのです。

イエメンの人口はおよそ2800万から3000万人で、サウジアラビアが2900万人くらいだから、ほぼ同じと考えていいでしょう。イエメンの国土面積はサウジアラビアの4分の1なのに人口はだいたい同じだというのは意外に知られていない。実はアラビア半島のなかで人口がいちばん稠密に存在しているのはイエメンなんです。首都サナアとか港湾都市アデンにまずまず人口は集中している。サウジアラビアは、北は砂漠で仕切られているし、西はヒジャーズの山地で隔てられている。東はペルシア湾のGCC[*31]（湾岸諸国協力会議）加盟諸国がサウジアラビアの楯になっていますが、アラビア半島の南がサウジにとって安全保障上いちばん弱いのです。それはサウジがイエメンをひとたび

＊30　サレハ　1942年生まれ。イエメン初代大統領。就任期間は30年超の長きにわたる。アラブの春によって退陣するが、アラブ諸国の指導者らが退陣を要求されてのち、リビアのカダフィは殺害され、チュニジアのベンアリは亡命し、エジプトのムバラクは収監され、シリアのアサドは国土の半分を失ったが、サレハは退陣によって訴追免除という唯一平和的な退陣となった。

＊31　GCC　1980年開催のアラブ・サミットでジャービル・クウェート首長の提案を受けて翌年設立。サウジアラビア、アラブ首長国連邦、バーレーン、オマーン、カタール、クウェートが参加。

統合したかに見えながら、離反させてしまい、大きな不安定要因を半島南部に抱えてしまったからです。カプランの試算ではイエメンの国内に存在する銃火器の数は8000万丁だと言われています。8000万丁を計算しやすく3000万の人口で割れば、一人につき2・6丁ほど武器を持っていることになる。一人が3丁弱の小火器を所持しながら、イエメン人は結構サウジアラビア人よりも勤勉です。サウジアラビアにとっては脅威なのです。しかも、彼らのなかで使われている「カート」という覚醒効果のある葉がある。

佐藤　いつもクチャクチャ噛んでいますよね。

山内　カートパーティというのは毎日のように、気が向いたら昼でも夜でも開かれています。それで覚醒現象が起きる。多幸感があって気持ちいいらしい。これはイエメンとかソマリアあたりに行くとどこでも誰でも楽しもうとする。カートをクチャクチャ噛む。イエメンの王室関係者がその昔、エジプトの首都カイロの植物園を訪ねたところ、カートの木があって、その王子は見るなりガーッと木に登って葉を取り、クチャクチャやったという有名な話があります。

佐藤　それでトリップしちゃうわけですよね。歯が黄色くなる。だから向こうのほうへ行くとみんな歯が黄色いという説もありますけれども。

イエメンはビン・ラディンのルーツ

佐藤　あと、イエメンはあそこにいると独特のアイデンティティがあって、イスラエルでも、イエメン出身のユダヤ人は固まって住んでいるじゃないですか。ユダヤ人と言ってもセファルディム[*32]でもアシュケナジム[*33]でもないんですよね。

山内　そうですね。かといって、ミズラヒム[*34]とも言いがたいらしい。ミズラヒムの多くはセファルディムに同化していますからね。昔、イスラエルで大空輸作戦がありましたよね。サウジアラビアの領空を通過した。

佐藤　魔法の絨毯《じゅうたん》作戦[*35]。1949年から1950年にかけてのことですね。

山内　エチオピアのユダヤ人たちもイスラエルに送った。エチオピアのベタ・イスラエル[*36]ことファラシャも有名な存在です。1984年のモーゼ作戦[*37]や1991年のソロモン作戦[*38]などで11万のファラシャがイスラエルに移りましたね。いずれにせよ、ムハンマドがイスラームの啓示を受けるまで、アラビア半島なかでもヒジャーズからアシール、ヤマン（イエメン）の一帯にはユダヤ教徒がたくさんいました。

＊32　セファルディム
離散したユダヤ人のうち、スペインやポルトガルに定住した人たち及びその子孫を指す。アラブ・イスラーム文化とも同化した。

＊33　アシュケナジム
ヨーロッパ中部から東部にかけて定住したユダヤ人およびその子孫。一般に教育・文化水準が高く、シオニズム運動の推進役を務めるなど指導的役割につく者が多い。

＊34　ミズラヒム
アラブ諸国、中央アジアなどのイスラーム圏の国に居住したユダヤ人とその子孫を指す。

佐藤　新約聖書にある「東方の三博士」[*39]だって、当然あのあたりから来たんですものね。

山内　イエスの誕生のとき、乳香など三つを「ユダヤ人の王として生まれた人」への贈り物として捧げたという……。

佐藤　他の二つは没薬と黄金ですね。

山内　そうです。「シバの女王」[*40]の話にしても、イエメンかエチオピアあたりから来ているわけですからね。

　いずれにしてもイエメン人は侮るべからざる存在なのですね。1962年のエジプトのナセル[*41]による革命軍テコ入れの軍事干渉を撃退したのも、イエメンの王党派部族民の活力でした。この「ナセルのベトナム戦争」ともいうべき消耗戦でエジプトは足を搦《から》めとられた。その前に、シリアとエジプトの二カ国でできたアラブ連合共和国と北イエメンがアラブ国家連合を組んだこともあります。

佐藤　三角形になったわけですね。シリアとエジプトとイエメンで。

山内　イエメン出兵でエジプト財政が完全に破綻してしまった。だから、イエメンはエジプトの鬼門なんですね。イエメン人は武装すればこれほど強い者は

＊35　魔法の絨毯作戦　イスラエルの建国以来、ユダヤ人への虐殺や弾圧が頻発していたイエメンからイスラエルへユダヤ人を連れ出す目的で、1949〜1950年に極秘裏に行われた作戦。

＊36　ベタ・イスラエル　エチオピアに住むユダヤ人を指す。異邦人という意味の「ファラシャ」とも呼ばれるが、侮蔑的とされている。80%以上が帰還法によってイスラエルに移住した。

＊37　モーゼ作戦　1984年、イスラエルに向けてファラシャを移送するためにイスラエルがとった作戦。エチオピア国内の政治混乱や貧困から現地のユダヤ人を救出することが目的とされていた。

いないというぐらいの人びとであり、なおかつ商売も巧みで、紅海を経てエチオピアやアフリカ、あるいはペルシア湾を経てインド、紅海を経てエジプトへ、アラビア半島内陸部へと自在に動き回りました。彼らはサウジアラビアの人口と同じくらいだけれども、サウジアラビア人よりもイエメン人の勤勉性は勝っているということでしょうか。

佐藤　ウサマ・ビン・ラディンも、ルーツはイエメン系ですよね。

山内　そう。ナセルの祖先もイエメンにつながるという説もあります。昔、サウジアラビアにヤマニ石油大臣という人物がいたでしょう。あの「ヤマニ」とはイエメン出身という意味なのです。サウジアラビアにもイエメン出身者は多く、多くの意味でイエメンこそがまさにサウジアラビアにとって安全保障を制する重要地となってくる。佐藤さんが言われたカートはじめ各種の麻薬、それから爆薬、兵器、非合法の酒類アルコールは、イエメンを密輸経由してサウジアラビア国内に入ってくるわけです。

佐藤　アデンがありますものね。

山内　しかも、シーア派の大国イランが入ってきました。革命防衛隊（RG）が遠慮せずにどこにでも入ってきますからね。対抗的にサウジアラビアはつい

＊38　ソロモン作戦　1991年、イスラエルが行った大規模な自国へのファラシャ移送作戦。

＊39　東方の三博士　新約聖書において、イエス・キリストが誕生したときに、そこに現れて誕生を祝福した3人の賢者。乳香、没薬、黄金を捧げたとされる。

＊40　シバの女王　「シバ」とはアラビア南部の商業国の民族で、その女王がユダヤの王ソロモンの名声を聞き、エルサレムを訪ねた。シバの女王は難問を与えてソロモンの知力を試したところ、彼はすべての問いに答えた。ソロモンの宮殿の壮麗さにも心服した女王は彼に贈り物を贈ったという逸話。旧約聖書『列王紀上』10章、『歴代志下』9章で触れられる。

にイエメンに対して空爆などで軍事介入をしたのです。
それからエジプトのシーシ新大統領がＩＳへの対応策として提唱したアラブ合同軍[*42]の隠れたファクターも実はイエメンです。イエメンに触れずに、ＩＳにばかり気を取られがちだけれども、アラビア半島の安全保障という観点からイエメンの位置をしっかりと見なくてはならない。しかも、破綻国家［failed state］になりかかっています。イエメンとアフリカとの海峡をバーブ・アル・マンディブといいますが、紅海とインド洋を抜ける要衝。インド洋から紅海に入ってスエズ運河。その地帯が、片やソマリア、片やアデンのあるイエメンということでともに破綻国家になれば、海賊退治だけのレベルの問題でなくなってしまう。このあたりを少し考えてみたいと思います。

佐藤　南イエメンが当時のソ連とあれだけ提携したというのは、どういう経緯なんでしょうか？

山内　基本的に、イエメン社会党が権力をとっていましたからね。汎アラブ主義[*43]とマルクス主義と社会民主主義を融合したイデオロギーによって、アラビア半島唯一の「社会主義国」になりました。ソ連は冷戦終結と財政破綻で援助を打ち切ったので崩壊しました。南北イエメンの統合に向かわざるをえなかった

＊41　ナセル
１９１８～１９７０年。52年にエジプト革命を成功させ、エジプト共和国を成立させた。58年にはシリアと合同し、アラブ連合共和国を結成。67年の第３次中東戦争の敗北以後、指導力は低下した。

＊42　アラブ合同軍
２０１５年３月のアラブ連盟首脳会議にて、ＩＳの脅威拡大への対抗策として創設が合意された。従来、アラブ諸国での紛争に際しては米軍が介入してきたが、イラクからの撤退で影響力が低下しているため、合同軍創設が提唱されていた。

＊43　汎アラブ主義
アラブ世界の統一を目指す思想と運動を指す。第１次大戦前、オスマン帝国からの解放を求めて起こった。

のです。イエメンの内戦に介入したナセルとの関係もあるでしょう。エジプトに軍事顧問団を派遣し訓練したのはソ連軍でした。ソ連が提供する武器によってイエメンの共和派が戦ったという縁もあるでしょうね。

佐藤　もともとイエメンに縁は全然ないですよね。

山内　私はないと思います。

佐藤　でもロシアが魅力を感じたということは、当然、アデン港に彼らは地政学的な関心があったのだと思います。１９６７年のイエメンの独立までイギリスが持っていたこの港湾都市に対して。

山内　そう思います。ソコトラ島にソ連艦船の給油施設が設置されたのも同じ理由からです。

佐藤　イエメン人のなかにおける部族的なアイデンティティ、いわば複合アイデンティティを持っているわけですけれども、アラブ人というアイデンティティも強いんですか？

山内　当然アラブ人という意識は持っているでしょうね。みんなアラビア語を話しますから。アラブ連盟の加盟国です。ただ、スンナ派が5割、シーア派が4割です。シーア派の大半はスンナ派の教義に近いザイード派ですから、このあたりがイエメンで少数派の12イマーム派（イランの国教）と異なり、複合アイデンティティに独特な綾を与えるのでしょう。

そもそもサウジアラビアという国にしても、アラビア半島全体にまたがる均質性を持っていないのです。ジェッダが外港となった両聖地のメッカやメディナを中心としたヒジャーズは、山脈山系によってナジュドと分けられていました。首都リヤドを擁するナジュドは、ワッハーブ派が生まれた地です。メッカやメディナやジェッダを含めたヒジャーズはどちらかといえば、紅海を経てエジプト、それから陸づたいで大シリアにすぐつながってきました。南にはアスィール地方があり農業地帯で豊かなのですが、イエメンとの係争地となって1934年には両国の間に戦争も生じました。このアスィール、ナジュド、イエメン、ヒジャーズ、それから東部州のザハラーン（ダーラン）などペルシア湾に面した地域は全く別の属性を持つのですね。こうした異質な地域がワッハーブ派のアブドゥルアズィーズ・イブン・サウード[*44]によってサウジアラビアとして統一されたということです。

もともとからすると、ヒジャーズ王国というのは「アラビアのロレンス」[*45]（トーマス・エドワード・ロレンス）が関与した後のシリアとイラクの国王に

＊44　アブドゥルアズィーズ・イブン・サウード　1880〜1953年。サウジアラビアの初代国王。ワッハーブ派イスラーム教を国教として定める。アメリカとの協同で油田開発にあたるなど友好な関係を築いた。

なるファイサル・イブン・フサイン[*46]の出身たるハーシム家の王朝国家です。いまのヨルダン王室はこの家系となります。現在の国王と同じアブドラという名前の王子が初代国王でした。だからいまの国王はアブドラ「2世」なんです。ヒジャーズ王国とサウジアラビアはもともと犬猿の仲なんですね。だからサウジアラビアがメッカやヒジャーズを支配しているといっても、歴史や地縁の深層まで押さえているわけではないでしょう。

ヒジャーズの気風との最大の違いは、サウジの鎖国的な気風との対照です。日本人の学者やビジネスマンに対してもビザの発給がすごく難しい。他方、メッカやメディナにはジェッダという外港や飛行場があり、国際巡礼がやさしいことを意味します。テロリストが欧米に入っていくのと同じように、巡礼者にも様々な思惑を持つ者がいる。だから否応なく、ヒジャーズのメッカ、メディナは国際化してきたわけです。これからも国際化するということは欧米などのポルノや麻薬と並んで、さながらAKB48のような少女舞踊といった婦女教育の根底をくずすような社会現象も入ってくる。文化とか風俗のなかでも、社会悪として冠たるものは買売春とアルコール摂取ですよ。サウジアラビアの抱える社会風俗的なタブーはヒジャーズに凝縮されている面を否定できません。

＊45　アラビアのロレンス
1888～1935年。イギリスの考古学者、軍人。第1次世界大戦開戦後、情報将校としてカイロに派遣され、トルコの支配下にあったアラブ民族の反乱を指導し、トルコの後方攪乱に従事。映画はピーター・オトゥール主演で62年に公開された。

＊46　ファイサル・イブン・フサイン
1883～1933年。第1次世界大戦の際に勃発したオスマン帝国へのアラブ人の反乱指導者。20年に大シリア国王、21年にイラク国王となる。

ホルムズ海峡有事と「宣戦布告」

佐藤　ところで、そうなると、例えばオマーンというのは、その周りの影響というのはあまり受けないで、宗教的にも独自であったわけですよね。

山内　イバード派[*47]ですね。もともとハワーリジュの穏健派、他派にすこぶる寛容であり、やがてハワーリジュの名乗りを拒否しました。

佐藤　ええ。それからあと、特にイギリスとの長い関係があったということが、オマーンのなかで独自の安定要因になっている。東大の中東地域研究センターの立ち上げは、先生とオマーンの人脈によるところも大きいですものね。ファイナンス面なども。

山内　湾岸諸国というのは問題の多い国が多いと思います。いちばんの極致はクウェートだと思う。戦後これだけ日本が石油を買い、湾岸戦争でも相当程度に援助して主権回復の原動力になったのに、感謝広告を出さなかったのは有名です。日本で何か有益な貢献をしようというつもりもない。オマーンが東大に金を出したことに触発されて、何かをしたいので話を聞きたいというから事務

＊47　**イバード派**　ハワリージュ派のなかの穏健派。684年頃、ハワリージュ派の過激派であるアズラク派と分裂したときから始まる。イバード派は意見の異なる者を背教者としてジハードを敢行することを拒否した。

ホルムズ海峡に機雷を仕掛けるということが何を意味するか。
国際法的には「宣戦布告」であることを日本はわかっていない。

当局も連れて大使館に出かけたが、その後もなしのつぶてのようです。わずかな寄付で済むのに、金儲けだけにしか関心がないと言われても仕方がない。そのなかでオマーンは唯一、日本の大学として東京大学に寄付講座をつくってくれました。金満国家の湾岸諸国のなかで初めて文化や学術のことで日本を援助してくれたさわやかな国です。しかも「紐付き」ではないから、人事もすべて大学側で自由にできます。これは東大としては譲れないのです。これがサウジアラビアあたりになると、金も出すが人事にも口も出すというスタイルが見えてきます。

それでオマーンの話なのですが、大きく三つあります。オマーンはいまのオマーンの半島部だけで判断してはちょっとぐあいが悪い。まず一つとして、オマーンにはもともと海洋帝国という側面があるからです。

佐藤　船乗りシンドバッド[*48]の国ですね。

山内　シンドバッドが東の海に出ていったときに、いまのオマーンの港から出ていったとされています。

それから東アフリカの、いまはタンザニア領内のザンジバル島。それからパキスタンの海岸部のグァダルにも――我々の子どものころの地球儀には地続き

＊48　シンドバッド
『千夜一夜物語』のなかの船乗りシンドバッドの話における主人公。バクダードの豪商で数々の航海での冒険談を語るという物語。

でないところにオマーン領があって「何故こんなところにオマーンの飛び地があるのか」などと不思議に思いました。いまのイラン南部のバンダレ・アッバースなどの海岸部もポルトガルとイギリスの勢力の伸縮の合間にオマーン領だったこともある。結局、現在のパキスタン、イラン、タンザニアの海岸部の出身者や定住者などが広域的につくった海洋国家がオマーンだったともいえます。ですからアラブのなかでもオマーン人は、アラビア半島の陸上でアラブ諸民族がイスラームで結びついたという面以外に、海に進出する強い動きがありました。オマーンは陸と海の両方で発展する要素を持っていたのです。このあたりがオマーンという国のバランス感覚と進取の気性の源であり、私たち海洋民族の日本人が出かけてもすこぶる居心地がよい所以《ゆえん》なのです。

第二は、現在のオマーンのエリート層や政府のリーダーにしても、ザンジバル系つまりアフリカ系、インド系、イラン系という出自はすぐ見当がつくのです。かれらがアラビア語とイスラームを介して王国としての共通アイデンティティを持つことに成功している。これはアラブのなかでもやはり素晴らしい例と言えます。

佐藤　私が外務省に入省してロシア語を研修したイギリスの軍学校には英語科

もありました。そこで、唯一勉強しているのはオマーンからの留学生たちでした。そのうち何人かとはとても仲良くしていましたけれども、確かに勤勉な国民性ですね。

山内 それは嬉しい話ですね。第三は、まさに佐藤さんがおっしゃったように、オマーンはイギリスとの関係がほかの湾岸諸国と違って、かなり早くから、大英帝国の庇護を受けて政治的にも保護されてきた点ですね。

佐藤 逆に、1970年代の初頭まで、オマーンは事実上の鎖国状態でしたよね。

山内 現国王、スルタン・カーブースに代わって以降、大きく開国に舵《かじ》がとられました。現在のオマーンは外に向けて開かれています。いまや、アラブのなかにもこれほど付き合いやすい人たちがいるのかと、日本人観光客も好感を持つことでしょう。

佐藤 威張り散らしていませんからね。

山内 やはりそう感じましたか?

佐藤 ええ、感じました。他のアラブ人とは、全然違いますよ。これもイギリスにいたときに感じたことですが、オマーンの人たちは夫婦単位で動きますね。

サウジ人はもう男同士で群れてしか動かないですけれども。
山内　すぐに酒と女ということになってしまいますか……？
佐藤　カタールからの留学生もオマーン人とは好対照です。イギリスの軍学校でも、「まじめな話をするのはやめよう」とスポーツカーにいつも乗って通ってきて、勉強をしていた印象はほとんどないですね。
山内　さらに言うならば、イランとの関係です。海洋国家としてのオマーンはイランにも飛び地を持っていました。昔からイランとの関係は非常に深いんです。カーブースは、父王をいわば退位させて自分が国王に就任したという経緯がある。そのときはまだパーレビ国王、シャー（帝王）の治世だった。けれどもいまの国王がイランの援助を受けて即位したという経緯もあり、イランとの貸し借りの量としては圧倒的に借りが多い。だから、イランに対するスタンスは、ほかのアラブ諸国や湾岸諸国と比べて大変に慎重なのですね。国王の外交顧問ザアーウィー氏などは饒舌《じょうぜつ》でいてもイランの話題になると口をつぐんでしまう……。
　オマーンはある面、イランの別動隊といえば極端にせよ、「利益代表部」のような側面も持っています。幕末に京都で長州藩が孤立して外交機能を果たせなかったときに対馬藩が代行したのに近いかなあ（笑）。或いは、徳川幕府をアメリカ、長州をイランに見立てれば、さしずめ吉川家の岩国藩みたいなところがあります。ただし、カタールのようにアル・ジャジーラ[*49]を通じて急進的な反サウジ的な活動はしていません。イギリス、サウジアラビア、イランとの関係をすこぶる上手に外交的に処理している。オマーンは人間的にも非常に好感が持てますし、親日家が多い。我々にとって良好な関係をとても構築しやすい国であり、イラン情報をとりやすい国です。ああいう国を日本外交は大事にしないのですね。

佐藤　戦略的な提携がすごく重要ですよね。それにいま、集団的自衛権の関係で、ホルムズ海峡の封鎖という話を政治家はしたがるじゃないですか。ホルムズ海峡に対する掃海艇の派遣とか。それが果たしてどういう事態なのかを想定しているのか。オマーンに正式に仁義を切ったうえでその話をしているのか、ということだと思うんです。要するに、国際航路帯はオマーンのなかを通っているわけですからね。

山内　ホルムズ海峡の航路は当然イラン側半分、アラブ側半分を取っているのですが、イラン側は国際航行できない状態になっている。だから往復ともにオ

＊49　アル・ジャジーラ　1996年に開局されたカタールの衛星放送。アラビア語のニュース専門放送を行う。2006年には英語版も始まった。世界各地に30以上の支局を持つ。

マーン側の水域を通らざるを得ない。しかも通過するムサンダムという地域は、オマーンの飛び地なのです。地図で見ると、アラブ首長国連邦の一つラアス・アル＝ハイマ領のように見えますが、そうではないのです。

佐藤　あそこがオマーンの飛び地だということを知らない人が結構いる。

山内　日本人にはほとんど知られていないでしょうね。

佐藤　ホルムズ海峡に機雷を仕掛けるということが何を意味するのか、全くわかっていない。国際法的には「宣戦布告」になるわけです。そこへ掃海に行くということは、オマーンとどこかの国——日本側で想定しているのはイランだけれども、そこで戦争が起きたときには、集団的自衛権の発想としては、日本はオマーン側に加わって国際法的に参戦するという意味合いが出てくる。そういったことが国会で議論されていること自体、オマーンに対して「お前の国とイランで戦争になる」と想定して話をしているということになるわけで、極めてデリカシーに欠ける話です。

山内　オマーンはイランとの関係について言葉が慎重なのです。私は2014年11月にオマーン外務省の外交研修所へ行って講演をしたのですが、イランの質疑になると、明らかに言葉を慎重に選ぶか、沈黙してしまう。さきほどのザアーウィー顧問に、イランの情報で私が意見を求めたりすると、「どこから聞いた?」「どういう筋、どの典拠からだ?」と私に聞いて、それ以降は口をつぐんでしまうんですね。

佐藤　オマーン側としては、それぐらいイランという国の力もわかっているし、この問題がデリケートだということを理解しているんですね。

山内　そういうことです。

佐藤　ですから、ホルムズ海峡封鎖のときの可能性について掃海艇派遣を云々《うんぬん》とやることが、いかに日本の国際感覚がずれているかということの証しだと思うんです。集団的自衛権のなかでそんな事例を出す必要は全くないわけで。

山内　確かにそこが不思議なところです。何故に、マラッカや台湾や南シナ海の名を出さないのに、ことさらにホルムズだけ固有名詞を出すのか、私は最初からよくわからないのです。周辺事態法のときは周辺概念が地理的インプリケーション（含意）を含むというだけで大騒ぎになりました。中国を過剰に意識する必要はさらさらないが、石油輸入国のイランとなら配慮はしなくてよいという理屈にはならないはずです。有事とは、イランが戦争を行うということでしょう。そのときイスラエルはどう絡んでいるのでしょうか。イランとイスラエルとの文明論的軍事対決に巻き込まれる事態は、カフカ的な想像力でも駆使しないと日本人には対処できない。イランと事を構えることを日本は覚悟しているんですか、ということです。ホルムズ海峡を明示したのは、アメリカへの配慮なのでしょうが、ここの感覚がどうにも理解できないのです。

それから湾岸諸国、特にオマーンに関して日本は外交的にもっと重視しなければなりません。私は5年ほど前に、読売新聞のコラム「地球を読む」のなかでこの点を書きました。商船三井の船がイランの高速艇から攻撃を受けた事件[*50]です。オマーンを考えればイランも見えてくる。イラン情報がオマーンを介せばいろいろな角度から入ってきます。そういう情報収集や分析方法を、日本政府はもっと重視してほしいものです。

佐藤　しかもいま、アメリカがイランと手を握ろうとしているときに、なぜ日本は、イランが戦争をする、というような話をしているのか。そのあたりのセンスがよくわからないんですよ。あまり考えていないんでしょうね。きっと。

山内　イランとイスラエルとの戦争要因、シーア派対スンナ派の総対決などイランの絡む要素は複雑な連立方程式を解くようなものですからね。

佐藤　しかし、オマーンも大変ですね。一方はイランで、反対側の国境がイエ

＊50　商船三井の船がイランの高速艇から攻撃を受けた事件
２０１０年７月、ペルシア湾とオマーン湾の間にあるホルムズ海峡を航行中の商船三井の大型原油タンカーが船体後部に爆発の衝撃を受け、船員１人が軽傷を負った。同海峡ではイランが短距離ミサイルの発射訓練、高速艇による船舶への攻撃訓練を行っている。

メン。

山内　それからサウジアラビア。

佐藤　あまり隣人に恵まれていないというか。

山内　隣国は自分で選べませんから。

ＩＳに「みかじめ料」を払う危うさ

佐藤　その流れで、カタールをどう見たらいいですか？

山内　カタールは一にも二にも、隣国のサウジアラビアの圧力をかわしてきた国です。２０１４年12月のトルコとの包括的軍事協定もイランだけでなく、サウジも意識しています。カタールもトルコもいま孤立していますからね。

佐藤　イスラエルは本当にカタールを嫌っていますね。どういう言い方を彼らがするかというと、「かたちだけでは有志連合に入るけれども、彼らは〝みかじめ料[*51]〟を払っている」と。

山内　ＩＳに対してもですね。

佐藤　ＩＳもそうですし、特にハマスに金を払っていること、それに関して非

＊51　みかじめ料
暴力団社会で使われる用語で、縄張り内にある風俗店や飲食店などから毎月受け取る金品。歓楽街の取り締まりや監督をすることの見返りとして求める。

常に怒っています。

山内　ハマスがこれまで国家予算をガザで組めたのはカタールの財政支援のおかげですからね。さすがに露骨にできなくなってきたため、ハマスは財源が入らずに苦しくなった。そうするとガザを守って国民を統合していく手段が限られてきます。それでハマスは、イスラエルとの武力対決を挑発して戦争をやるという構図が繰り返される。まず公務員に給料が払えないのは緊急事態なのですから。

佐藤　事実、ISやアルカイダ系は、カタールを標的としたテロを行わないですからね。やはり、みかじめ料の効果があるんでしょう。

山内　湾岸諸国ではドバイやアブダビを含めてだけれども、テロが起きていないのですよ。その理由はどこにあるのかということですね。

佐藤　ちゃんとみかじめを払っているということですね。

山内　やはり、カネの力というのはすごい。

佐藤　みかじめを払えばテロの対象にはならないという、そのあたりの最低限のゲームのルールを守っておかないと、誰もみかじめを払わなくなりますからね。逆にロシアのマフィアみたいに、みかじめ料を払ったら、「こいつのところにカネはあるだろう」と、今度は別の組が来る。その結果、店がつぶれるということになってしまうと、みかじめは払わないほうがいいということになりますからね。

山内 我々の利用していたソ連末期のメジュドゥナロードナヤ・ホテルの「サクラ」というレストラン、あそこがつぶれたのもその口でしょう？

佐藤 ええ、おそらく。日本から食材を空輸しているソ連最初の日本料理店でした。山内先生とも何度か行きました。マルボロ（煙草）が金券のように使えた時代でした。

山内 みかじめ料という発想からすれば、確かに湾岸諸国は攻撃されていない。大規模テロも起きていない。やはりそういう意味での効果はあるんでしょうね？

佐藤 あると思いますよ、ゲームのルールを成り立たせるためには。お金は払わされるわ、攻撃もされるわじゃ、誰も出しませんよ。

その一方で、ＩＳが支持を広げる結果となったことには、そういったお金の面だけでなく、激しい党派性に基づき、シーア派を殲滅するという路線を鮮明にしたことにあるでしょうね。

山内　いま起きている現象は、第一章でもお話ししたとおり、スンナ派対シーア派という構図によるエスニック・クレンジングならぬセクタリアン・クレンジングです。シーア派殲滅を早々と明白に掲げたのがＩＳでした。

佐藤　同時に、それをイラクでやることによって現実的な略奪もできるし、分配するための元手が入る。

山内　そういうことです。イラクにおいて、バグダードの中央政府というのが実際はシーア派の政権であり、イラクの国防軍という以上に実はシーア派中心の権力の私兵だった軍隊に対して、鉄槌《てっつい》を下したのはスンナ派のＩＳだったという構図なのです。

佐藤　そうすると、被害を受ける関係者以外には歓迎されるに決まっていますからね。

山内　スンナ派の住民たちは、ＩＳがモスルを占領して油田のあるキルクークにかけて攻撃しましたが、シーア派である中央政府からの解放だと考えたせいか、最初はスンナ派住民は解放軍扱いをしたのですよ。

現在では、イランという非アラブのシーア派国家がスンナ派のアラブのなかに楔を打ち込むために、なりふり構わずイスラーム革命防衛隊を派遣している。

シリアでもイエメンでもですよ。2015年3月のイラクのティクリート奪還も、革命防衛隊がISに正面対峙しないと成功しなかった。

結局、現在の構図は、スンナ派アラブ世界のなかでの戦いであるにもかかわらず、スンナ派のイスラーム武装組織ISと、シーア派の重要な拠点国家イランのすぐれた実戦経験と新鋭装備を持つ革命防衛隊との対立として単純化できることになります。

佐藤　そこで思い出したのですが、以前の先生のバーレーン分析において一貫して主張されていることですけれども、「アラブの春」のときに、なぜアラブの春がバーレーンでは止まってしまったかということの謎解きが重要になります。

山内　バーレーンなどの湾岸諸国では、ですね。

佐藤　ええ、湾岸諸国では。そのときに、アル・ジャジーラとアル・アラビーヤ[*52]、とくにアル・アラビーヤが非常に強いかたちで外国勢力の介入に警戒せよという徹底したプロパガンダをやったと。

山内　明示こそしなかったけれども、イランのことでした。

佐藤　それによってみんな事柄の本質に気づきました。それで実際にバーレー

＊52　アル・アラビーヤ　2003年に開局したアラブ首長国連邦のドバイに拠点を置く衛星放送。

ンに革命防衛隊の連中が入っていたと。

山内　そうです。

佐藤　革命の輸出の構図ですね。

山内　その時点で、モロッコで病気療養中だった90歳目前のサウジのアブドラ国王が戻ってきて、がんを患っているにもかかわらず陣頭指揮をとって、リビアに関しては妥協したのです。リビアに関しては事実上、ＮＡＴＯの南方拡大を認めてカダフィの失脚を黙認した。だが裏庭というか枯山水にもあたるバーレーンの死守は、米欧に対して毫《ごう》も譲らなかった。ここで「バーター」をうったということです。

そして、ここでサウジは湾岸諸国に間髪を入れずに大量のカネをばらまいたわけです。カネもアラブの春の拡大を湾岸で抑えた要因です。アブドラの政治手腕は水際立っていました。アブドラの死去に伴って２０１５年2月に交代したサルマン新国王がタカ派的な正攻法でどのぐらいアラビア半島と湾岸を押さえられるかというところに不安を感じます。

佐藤　リビアに関して、カダフィがあういうかたちで死んでしまった。しかし、もしリビアが核開発を行っていたとしたら、あの核が「変な連中」に持っていかれた可能性は十分ありますからね。

山内　「変な連中」にね（笑）。

佐藤　それこそマグレブのアルカイダとかそういった連中に持っていかれる可能性はありました。

山内　ボコ・ハラムかもしれなかった。

佐藤　その可能性もありましたね。もしリビアが核開発に成功していれば……。

山内　たとえ戦術核を持ったとしても、果たして彼らに使いこなせるかどうかは疑問ですが……。

佐藤　ボコ・ハラムやマグレブのアルカイダは戦術核を使いこなせないでしょうが、ＩＳの場合、パキスタンから専門家を雇う可能性は十分あると思います。

第二章

地理と民族が彩《いろど》る
ロシアの曲折

国境を「線」ではなく「面」で捉える

山内　日本において中東情勢を語るにしても、隣接するロシアや中東進出の野心が目立つ中国を視座に入れるという観点がなければ、ユーラシア規模のパワーシフトが見えてこないでしょう。また逆に、中国情勢を考えるうえでも、ロシアや中東という要因を考えた分析がありません。これはちょっとまずいと思うのです。

　ロシアはだいたいにおいて、ロシア人の史観によればもともと内陸国家のキエフ・ルーシがモスクワ大公国に発展しても、北極海を除いて外洋との出口がない国が何とかロシア帝国になって黒海やバルト海をようやく得た基本的にランドパワー国家といえるでしょう。ソ連邦になっても本質的にはユーラシアのハートランドを押さえたランドパワー国家なのです。しかも、ロシア革命やブレスト・リトーフスク条約[*1]によって、バルト三国[*2]、フィンランド、ポーランドを失い、一時的には中央アジアやカフカースといったハートランドの独立や自立さえ認めることになった。その意味ではロマノフ朝[*3]より縮小した版図《はんと》に甘ん

＊1　ブレスト・リトーフスク条約
第1次大戦末の1918年、ソビエト新政府がドイツ、オーストリアとの間で締結した講和条約。ソビエトは連合国側に和平提案したが拒否されたため単独での講和となった。

＊2　バルト三国
エストニア、ラトビア、リトアニア。いずれもバルト海沿岸に位置する。第1次大戦後、独立。その後、1940年にソ連に編入されるが、91年に再び独立を果たす。

＊3　ロマノフ朝
1613～1917年。ロシアの王朝。ミハイル・ロマノフが初代皇帝に即位後、ピョートル大帝、エカテリーナ1世らによって農奴制と専制政治を確立、さらに国土を

じる時期もあったわけです。そのあとスターリンが独ソ不可侵条約[*4]等々を通してバルト三国やカレリアなどフィンランドの一部を「再併合」しても、基本的に外洋への出口というのは、冬は氷によって閉ざされているか、あるいは砕氷船が発達するまで航行できない北極圏だけが自由に使えたわけですね。

佐藤　そうですね。ロシアは凍らない海を求めて、南進、東進を試みました。

山内　ピョートル大帝がサンクトペテルブルクをつくって首都にしても、バルト海を「ノストラ・マーレ」（われらが海）と言い切ることはできません。ピョートルはスウェーデンと戦っても成功したとはいえずユーラシア国家ではあっても、ヨーロッパ国家に純化できませんでした。

　南方においては、18世紀にエカテリーナ2世はクリミア半島を征服して、黒海に進出しますが、数次のオスマン帝国との戦争でもコンスタンチノープル（イスタンブール）を獲得できませんでした。砕氷艦や原子力潜水艦の発明まで、大西洋と地中海に出る不凍港をもたない劣勢は、否定しようもありません。結局、不凍港を求めて東のほうに膨張しても、そこでは清朝最盛期の康熙《こうき》帝[*5]、雍正《ようぜい》帝、乾隆《けんりゅう》帝の賢主たちの外交と作戦にかわされて失敗してしまう。1689年のネルチンスク条約[*6]は、ピョートル大帝が康熙帝に屈してアルグン川と

拡大し、ロシア帝国としての最盛期を迎えた。ロシア革命でニコライ2世が退位して崩壊した。

＊4　独ソ不可侵条約　1939年、ドイツのヒトラーとソ連のスターリンとの間で締結された軍事同盟。ポーランドの分割、バルト三国のソ連による占領を承認した。

＊5　康熙帝・雍正帝・乾隆帝　いずれも清の皇帝。康熙帝（1654～1722

外興安嶺《そとこうあんれい》の線で国境を画定しました。アムール川下流域や沿海州などはすべて清朝領土だったわけで、毛沢東の頃はこれらの領土の回復を主張したこともありました。

しかも第二に、ロシア帝国が東方や南方に拡大していく際に、ロシアが自由に膨張できたというのは、先手を打って防衛線を拡大しなければ攻撃されるほど攻撃にもろい広大な土地がユーラシアのハートランドに広がっているわけですからね。自然の防御線というのはウラル山脈以外にはほとんどありません。ウラル山脈にしても、寝ていたらいつの間にかそこを通り過ぎていたというぐらいの高さで、丘陵や低高地めいた存在に気がつかない。

佐藤　そのとおりです。私自身、ウラル山脈のアジア・ヨーロッパのちょうど間のあたりに行ったことがありますけれども、小高い丘ぐらいの感じです。

山内　結局、何の防御的な自然障害もないから、ロシアは東から攻撃される脆弱性を持っている。13世紀のモンゴルのバトゥ[*7]による南ロシアの征服、「タタ[*8]ールのくびき」はその代表的なものです。東のほうからの脅威にも弱い。それを避けようとすれば、ロシアは東西に絶え間なく膨張していく以外にない。ロシアのユーラシア地政学的な特徴は、ほかのどの国にもないですね。

年）は中国歴代最高の名君とされる。ピョートル大帝時代のロシア帝国が南下し、国境紛争が起きた際に軍事力を強化し、両国間で対等のネルチンスク条約を締結。雍正帝（1678～1735年）は康熙帝の第4子。外モンゴルまで勢力拡大を行い、キャフタ条約によって外モンゴルとの国境を定めた。乾隆帝（1711～1799年）は雍正帝の第4子。ネパール、ベトナム、台湾、ジュンガルなどに向けて10回にわたる外征を行った。

＊6　ネルチンスク条約　1689年、ロシアと清の間で締結された国境画定のための条約。通商規定や逃亡者の引き渡しなどに関する規定が成立した。

＊7　バトゥ　1207～1255年。

佐藤　いま、先生がおっしゃったところは非常に重要です。そこから結びつくところなのですが、ロシア人の国境概念や境界概念というものは、「線」になりにくいんです。

山内　それは興味深い観点です。

佐藤　これはテルアビブ大学のシモン・ナベ〔Shimon Naveh〕という……。

山内　ナベ准将ですね。

佐藤　ええ。彼がロシアの軍事ドクトリンの本のなかで言っているのですが、「バッファー（緩衝）」を必要とする。必ず自由に移動できる「空間」を必要とする。ロシア人は何もそこを自分の領域にしようとは思っていません。ところが、外側から見ると、これがロシアの非常に侵略的なところに見えてくる。線の国境だと安心ができない。線の国境の外側に必ず自分たちが自由に移動することができる領域、すなわちバッファーを確保しておくんです。その「面」としての国境概念、プレモダンの国境概念がずっと生きているところが、ロシアとの関係において非常に難しいところだと彼は言っています。ナベ准将以前にこのことを指摘した人はいなかったんですけれども、確かにそう思うんです。

山内　歴史的にも、カザンとか、リャザンだとかモスクワなどの地区なら、む

モンゴルのキプチャク汗国の創始者。チンギス・ハーンの孫。モンゴル軍を率いた西征ではロシア、東欧に侵入し、1241年のワールシュタットの戦いではヨーロッパ連合軍に勝利した。

＊8　タタールのくびき　バトゥの興したキプチャク汗国によるロシア諸国への間接支配を指す。1240年にキエフ公国が滅ぼされて以降、1480年にモスクワ大公国のイヴァン3世がキプチャク汗国から独立を回復するまで支配関係は続いた。

かしのロシア正教会の主教管区でもはっきりした境界がありますが、モスクワ大公国時代にはカザンからずっと東のほうの管轄は、当初においては、イン・パルティブス・インフィデリウム［in partibus infidelium］＝「異教徒の世界に」線が消え去っていくというかたちの管轄範囲の茫漠たる認識ですね。異教徒や異国との境界ははっきりした線ではなくて、先ほど佐藤さんがおっしゃったように、茫漠とした異教徒の世界とは「面」で自他を区別しているという認識はわかりやすい。

佐藤　そう思います。それから日露の関係で言うならば、1855年の日露通好条約[*9]に関して、我々はウルップ島と択捉《えとろふ》島の間の国境線が引かれたことだけを強調しますけれども、同時にサハリンはこれまでのしきたりどおりということで、国境線を線として画定しない。

山内　いわゆる雑居地。

佐藤　雑居地です。ただ、別のかたちだったら、面としての国境を画定したとも言えると思うんです。

山内　なるほど。雑居地という言い方は、なかなか私もよくわからない点がありました。附録では、樺太に国境を設けず、日本人並みに蝦夷アイヌ居住地は

＊9　日露通好条約
1855年、日本とロシアの間で締結された条約。両国の国境を、択捉島とウルップ島の間に定め、ウルップ島から北に連なる千島列島はロシア領と定められた。北方四島（択捉、国後、色丹、歯舞）が日本の領土であることもこの条約で確定している。

日本領とすることで一旦は合意しました。ロシア側は蝦夷アイヌを「蝦夷島アイヌ」とすべきであり、日本側は「蝦夷島同種のアイヌ」にすべきだと逆提案したが、両者はこれまでどおりとすることで折り合ったわけです。これが雑居地という意味なのですが、いまの御指摘のように、線でなく実は面として樺太の国境を考えたとすれば、非常に諒解しやすいですね。

さらにもう一つ踏み込んで、緯度から問題を考えてみます。ロシアとシベリアの大部分は、南北樺太の境界線にあたる北緯50度以上に位置しています。ところが、アメリカは最北端のカナダ国境でも北緯49度ということになる。ハルビンでも北緯45度になり、日本が実効支配する国土では最北端の稚内《わっかない》は同じ北緯45度です。札幌は北緯43度です。カナダは確かにロシアと重なる場所もありますが、ほとんどのカナダ人はアメリカ国境に近いところに住んでいるのです。ところが、ロシア人の大部分は北緯50度以上に住まざるを得ない反面、現代の日本人は北緯45度以南しか住んでいません。北京は北緯40度で、アメリカで言えばニューヨーク、秋田と盛岡は39度でそれに近い。上海の北緯30度はニューオーリンズと同じ。日本では宮崎が31度ですから、いかにロシア人が日本人が及びもつかないような寒冷地に存在しているかという事実に注目すべきです。

そこから出されてくる重要なポイントは、誰でもロシア人とつき合ったり少しでも接すればわかることですが、苦しみに耐える力というか、試練や苦難を撥《は》ね返す力がとても強いことにあると思います。さらに、これまでの歴史家や地政学者たちは、ロシアの共同体としての強さに着目して、集団の力を大変重視するのです。

極端に言うと、歴史家のロングワースに依拠したカプランも語っていますが、公益や全体の利益や全体性のために個人が犠牲になっても構わない、あるいは個人はむしろ全体性や公益性のために、私益や個人的な利害を犠牲にすべきだという側面がどこかにあるのではないかという気がしていました。

平面的に人が移動できるユーラシアルート

佐藤 私も日本にいるときには、例えばアレクセイ・ホミャコーフ[*10]という、1840年代のスラブ派の神学者がいう「ソボールノスチ［sobornost］」（＝全体性、共同性）という感じでそういったことを理解していたんですけれども、

＊10 アレクセイ・ホミャコーフ
1804～1860年。ロシアの神学者、哲学者。ロシアのスラブ主義思想の創始者。スラブ主義とは19世紀に起こった西欧主義に反対するロシアの民族主義的社会思想。

実際、モスクワに行って、ロシア人の全体性の重視みたいなものをどこで感じるかというと、例えば、真冬に赤ん坊を乳母車で親が連れて歩いているとしましょう。すると、赤ん坊が全然動かないんですよ。日本の赤ん坊は基本的にじっとしていないでしょう。なぜ赤ん坊が動かないのだと思いますか？「さらし」で全身をミイラみたいにぐるぐる巻きにされているからなんです。赤ん坊の時代から自由に動くことをさせないわけですよ。もちろん、寒さから身を守るためではあるのですが、こういうことは、将来的にものすごく心理に影響すると思う。

それからロシアの幼稚園や小学校に絵を見に行くでしょう。自由絵画がないんですよ。みんな同じ絵を描く。「この景色を描きなさい」「このデッサンを描きなさい」と先生から指示され、同じように模写したものだけが並んでいるわけですよ。ですから、統一した行動をとれ、全体的な行動をとれというのは、本当に幼い頃からの刷り込みなんですね。

それからいま、日本では「3歳児神話」みたいなものがあって、親元に3歳まで子どもを置いておこうとするけれども、ロシアは託児所に預けるのが当たり前です。

山内　なるほど。アレクセイ・ホミャコーフは、私が学生のころ、ロシア史研究者が着目したオーブシチナという農村共同体こそソボールノスチの冠たるものだと主張したスラブ主義者でしたね。北海道大学時代にロシア史を学んだ外[11]川継男教授から勧められた英語の書物で当時まだ翻訳がなかった本を思い出します。ジ[12]ェームズ・ビリントン〔James H. Billington〕という人、アメリカ議会図書館の館長までいった一流のライブラリアンでもあった凄い人です。その『The Icon and the Axe』（１９６６年）という本がロシア社会思想史の通史としていちばん良いと言われたのです。今度『ロシア原書年代記研究』という大作を出した畏友・栗[13]生沢猛夫氏などと一緒に読んだり話題にしたことをよく覚えています。勉誠出版からは『聖像画（イコン）と手斧』という藤[14]野幸雄氏らの訳があります。が、こちらはまだ読んでいません。いまでも妙に記憶にあるのは、ロシア正教のイ[15]コンと斧との対比でした。これは変なタイトルだなと思っていましたが、最近カプランが話題にしたことで学生時代の記憶がおぼろげながら甦《よみがえ》ってきたわけです。

　ロシア正教にとって当然だけれども、春の復活祭などはイエスの復活だけではなく、春の到来という自然の摂理へのロシア人の畏敬《いけい》の念などある種の信仰

＊11　外川継男
１９３４年生まれ。歴史学者。主専攻は西洋史、ソ連東欧史。北海道大学教授、上智大学教授を経て、上智大学名誉教授。著書に『サビタの花　ロシア史における私の歩み』他。

＊12　ジェームズ・ビリントン
１９２９年生まれ。アメリカの歴史家。著書に『ミハイロフスキーとロシア・ナロードニキ』『聖像画と手斧　ロシア文化史試論』『ロシアの顔』他。

＊13　栗生沢猛夫
１９４４年生まれ。歴史学者。北海道大学名誉教授。著書に『タタールのくびき　ロシア史におけるモンゴル支配の研究』他。訳書にモーリーン・ペリー『スターリンとイヴァン雷帝　スターリン

の複合性があります。イラン人にも、ただイスラーム暦ではなくイラン暦元日のノウルーズ〔Nawruz＝春分〕というアケメネス朝以前にさかのぼるゾロアスター教[*16]由来の祝日があります。それはともかく、イコンという聖像は、イエス生誕や聖書や教会にかかわる重要な出来事やたとえ話や歴史が描かれています。ロシアの精神史の象徴といってもよいのですね。

もう一つの「アクス」というのは、何故に斧や手斧なのか学生当時の私は十分に理解できたとはいえません。しかし、バルト海からアジア太平洋までつながっているタイガという世界最大の針葉樹林のなかで、広く長く続く森林に隠れ住み、東から来る剽悍《ひょうかん》なトルコ系モンゴル系遊牧民の脅威や侵略などをかわすときに自分たちを守る武器や、森林を伐採して支配していく営為の象徴として斧があったのだろうと思います。或いは、あの粘り強いロシアの開拓農民が使う斧でロシア人の肉体的強さを象徴したのかとも思います。ですから40年以上経ったいま考えてみると、私はビリントンのタイトルが実に奥深く、改めて感じいってしまうのです。ちなみに、1929年生まれの彼は今年の春に現役ライブラリアンとして引退しました。アメリカは底力のある国ですね。

佐藤　思いますね。特にアカデミズムにおけるライブラリアンの地位が高いで

時代のロシアにおけるイヴァン雷帝崇拝』他。

＊14　藤野幸雄
1931〜2014年。図書館情報大学名誉教授。専門は図書館史。著書に『モスクワの憂鬱　スクリャービンとラフマニノフ』『夢みる人　作曲家フォスターの一生』『悲劇のアルメニア』他。

＊15　イコン
キリスト教における聖像一般を指す。キリスト、マリア、聖者の像、聖伝の場面を描いたものなど。

＊16　ゾロアスター教
古代イランのゾロアスターを開祖とする宗教。聖火を護持する儀礼などの特性のため拝火教とも呼ばれる。ササン朝ペルシアの時代に隆盛。

す。

山内　ところで、モスクワ大公国の膨張とロシア帝国の発展は、世界最大の針葉樹林ともいえるタイガがバルト海から太平洋まで続くうえに、その北にツンドラという厄介なものがある地帯までを併呑《へいどん》して膨張を遂げました。ツンドラというのは、凍てついて樹木すら生えないような、日本人が全く経験したこともなく、想像もできない気候地帯です。しかも、夏になるとこれがまた溶けて――。

佐藤　どろどろになりますね。

山内　どろどろになって、ぬかるんで、そこにボウフラが湧いて、蚊が出るでしょう?

佐藤　ええ。ツンドラ地域でも夏場は30度ぐらいになりますからね。

山内　暑いでしょうね。それで膨大な蚊が出てきます。また大きな蚊のようでもあり、これが人を苦しめる。その夏と冬の落差が過酷なんですね。

それでおしまいにならないところがロシアの帝国的奥深さです。南ロシアからクリミア、ウクライナ、南北カフカース、中央アジアからシベリアへとつながって、ずっとマンチュリア（Manchuria＝満洲）やアムール川から沿海州まで出ていくハートランドの中核を占めるのはステップ（乾燥した草原地帯）なのです。高校の歴史地理の教科書にも出てくるけれども、このステップのルートが草原の道をつくっている。そして、そのすぐ南にあるのがシルクロード。それから海の道がある。いちばん北にあるユーラシアの横断連絡ルートが大草原の道なんだけれども、これはハンガリーやウクライナに至るまで、中央アジア、モンゴリアからずっと妨げられることなくここでも平面的に人びとが東から西へと移動してきました。

だから、バトゥなどがハートランドのルートを使って移動していくなかで、モスクワ大公国やスラブ系諸民族を征服したり従属化させながら、1241年のワールシュタット（リーグニッツ）の戦いの舞台となったポーランドまで易々と到達してしまった。こういう歴史的事実は、ロシアにはほとんど現代に至るまで通底する、ゲオポリティーク（地政学）的に見たすこぶる本能的な恐怖です。自分たちの本土安全保障の脆弱性に対する本能的な感覚は、かなり強いのも当然という気がしますね。

佐藤　ところで先生、先ほどの蚊の話ですが、ロシア語で蚊はカマール［комар］というんですけどね。日本人がイメージする蚊というと、飛んでいる様子とか、街灯の周辺に集まっている感じでしょう？　ロシアの蚊はタイガのなかで昼寝しているんです。それが房のようになっている。それこそ1メートルぐらいの大きさの房になって、何万という大群が固まって昼寝しているんですよ。

山内 そこまでは見たことがありません。

佐藤 それが夜になると、ぶわぁーっと飛んでいくんですよ。

山内 だからモンゴル満洲国境のノモンハン事件[*17]のときも――。

佐藤 ノモンハン事件も、日本軍は何に困ったかというと、蚊なんですよ。

山内 そのとおりですね。陸軍が防蚊網のようなものをつくるんだけれど大きな蚊には間に合わない。

佐藤 ノモンハンで日本軍は蚊との戦いにも相当苦戦しました。

山内 そうですね。

佐藤 しかも、ロシアの蚊は、一匹がでかいんです。血を吸う針もしっかりしているから、ジーンズくらいの厚さがある生地でも簡単に通してしまいます。意外に思われるかもしれないけど、寒冷地では生き物は大きくなる傾向があるんですよ。シロクマだってヒグマだって巨体でしょう？　ロシア人も体躯は立

＊17　ノモンハン事件
1939年、モンゴルと旧満洲国との国境周辺で起こった日本軍とソ連軍による軍事衝突事件。満州を支配していた日本と、モンゴルと相互援助協定を結んでいたソ連がそれぞれ軍を投入。ソ連側の大攻勢により日本軍は退却。その後の日本の南進政策の一因にもなった。

派ですから。

山内　長さ2・5ミリの針は衣服も通したらしいですね。ノモンハン事件のときも、テントの天井がかすむほど集まってきたらしい。ツンドラが溶けたひどい環境下で成長していく蚊が大きいのもわかる気がします。さっき話題になったビリントンの『イコンと斧』のモチーフではないですが、その地域で自分たちが身を守り、森林を征服していく。北に広がるツンドラ、南に延びていくステップなどで自然気候的に、敵から身を守っていく。そうした努力や工夫は、ロシア人が持つ自然気候に対する独特な防御的姿勢から出てきています。その象徴がカマール＝蚊なのだと思います。

しかも、国土がとにかく平坦で、ずっと途切れることなくアジアまで、ウラジオストーク、太平洋、カムチャツカまで続いている。そして南は中東、ペルシア湾に連なるカフカースや黒海まで広がっていく。その広大さが逆にロシアにとっては安全保障に関するすこぶる大きな強迫観念となり得るわけですから。ただ、ある意味例外的に、大きな2500メートル級の山によってロシアの侵略に立ちはだかっていったところが、南でいえばカフカースですね。カスピ海に面するカフカースへの出入口にデルベントがあります。ピョートル大帝が

1723年に遠征した町ですが、アレクサンドロス大王の東方遠征当時からデルベントはよく知られた要衝であり、イスラーム史では、「バーブ・アル・アブワーブ」（諸門中の門）と呼ばれました。

ロシアの南への入植者や征服者たちはカフカースの統合を試みてきましたが、平地はともかく、山地部はなかなかうまくいかない。そこでとりあえずロシア人は、先ほど言った安全保障に対する脅威から、何としてもカフカース山脈の向こう側つまりザカフカース（外カフカース）まで行かなければ、という思いに駆られ、19世紀にアゼルバイジャンやグルジアをめぐってガージャール朝イランと二度も大きな戦争をします。とにかく本土安全保障の外郭線をできるだけ外に張りめぐらそうとしました。

佐藤　バッファーの拡大ですね。

イスラームとチェチェン人の闘争心

山内　ロシア人には海に出たいという狙いがあったと思います。面白いのは、そうした衝動のなかでも黒海と地中海に挟まれた場所でチェチェン人などと出

第１次チェチェン戦争で、ロシア南部ダゲスタンのチェチェン人武装勢力を攻撃するロシア軍兵士。

くわしたところです。チェチェン人の剽悍無比な点はたびたび語られるところですが、カフカースには多くの民族がいて、イスラーム神秘教団とか、チェチェン人はじめいまでもイスラーム国（IS）の集団に入るような人びとがいつも出てきます。レールモントフ[*18]の『現代の英雄』（1840年）のなかでも、チェチェン人は「たとえ強盗や、素寒貧《すかんぴん》でも、そのかわり捨て身なところもある」とされ、「およそ愚鈍なやつら」「武器を持ちたいという気持ちすら全くない」と冷笑されるオセット（オセチア）人と対比されていますね。

カフカースの山地では、ともかくそこで生計を立てていくために、これは第二章でも触れたところですが、チェチェン人は我が身と家畜たちを外敵から守っていかないといけません。そのために彼らは常に武器を携行している。刀を持っているということはごく普通の行為なのですね。刀の使用はそれこそ日常茶飯事だったのです。紛争処理とか問題解決のときにも刀を出す。すると、相手がロシア人であれ、ほかのカフカースのオセット人やチェルケス人、カバルダ人であれ何であれ、自らを守るのと同じように力で解決することを常に考えているところがあります。レールモントフは、チェルケス人については、きび酒をがぶ飲みして、挙句の果てに「斬ったはったただ！」「斬ったはったの騒ぎ」

＊18　レールモントフ
1814～1841年。ロシアの詩人、小説家。詩人・プーシキンの死を悼む『詩人の死』で名声を博す。著書に『悪魔』『現代の英雄』他。

を始めると断定していました。

カフカースは交易路にもなっているんですね。そこを横断していく人々にとって、チェチェン人やチェルケス人は嚮導者《きょうどうしゃ》、案内人であったけれども、チェチェンのチェチェンたるゆえんは、カフカースでは嚮導者や仲介者転じて追いはぎにもなったと言いたいのでしょう。実際、レールモントフはオセット人が「こすい野郎ども」で、「なんかっていうと、酒手をふんだくろうとして因縁をつけやがる」と辛辣《しんらつ》なのですね。

佐藤　この当時、北カフカースの山岳民族は、ある種の通行税を取っていたということですね。

山内　そうでしょう。19世紀のロシア帝国に対する抵抗運動でも主体になっていくのはチェチェン人でした。もしくはイングーシ人。しかし、1944年のスターリン体制のソ連が発した民族の追放によって、彼らは民族まるごと追放されたのです。クリミア・タタール人とかもシベリアや中央アジアに根こそぎ追放されたわけです。

佐藤　あのときは、チェチェン・イングーシ自治共和国を3分割してしまいましたからね。

山内　事実上解体されたわけです。小さな国がさらに小さなものに解体されるということになった。中央アジアなどに追放されて——これはアレクサンドル・ソルジェニーツィン[19]の懐かしい小説、『収容所群島』（１９７３年）のなかに出てきます。

佐藤　出てきますね。

山内　チェチェン人は往々にして、コルホーズ[20]に入ってもソビエトや共産党の言うことを絶対に聞かずに、妻や娘たちを働きに行かせることもありませんでした。自分たちから率先して働きに行くこともしなかったし、要するに徹頭徹尾反抗したわけです。どこか、反抗こそがチェチェン人の仕事だと考えている様子がうかがえるようなところがあります。これはまさにエリツィンからプーチンにかけての2回にわたる大きなロシア・チェチェン戦争[21]などにもつながります。この闘争心はいったいどこから来るのかということですね。

やはりすでに言及したようなユーラシアの地政学やロシアのカフカース征服への抵抗との関係で、チェチェン人が長いこと経験してきた歴史の記憶に関わる要素やイスラームとも関わる遺伝子的な要素かもしれません。いずれにせよ、ロシア人の地政学的な問題点が如実に表出する場所が、すなわちカフカースな

＊19　アレクサンドル・ソルジェニーツィン
１９１８〜２００８年。ソ連の作家、歴史家。スターリニズム及びソ連政府批判の作風が多く、第2次大戦終了直前に収容所（ラーゲリ）に送られる。74年に国外追放となるが94年に帰国を果たす。著書に『イワン・デニーソヴィチの一日』『収容所群島』他。

＊20　コルホーズ
ソ連時代に発達した集団経営の農場。協同組合形式で生産手段を組合が所有し、大農場経営を行う。

＊21　ロシア・チェチェン戦争
１９９４年、ソ連崩壊後、独立宣言したチェチェンに対し、それを認めなかったロシアがチェチェンに進攻（第1次チェチェン戦争）、97〜99年の停戦期間を経て、チェチェ

のではないでしょうか。

佐藤　そう思いますね。特にチェチェン初代大統領のジョハル・ドゥダエフ*22みたいな人を考えた場合にしても、彼はむしろソ連時代の体制側エリートだった。

山内　懐かしいですね。空軍少将でしたっけ？

佐藤　エストニアのタルトゥー空軍基地の司令官をつとめていた空軍少将です。チェチェン人で初めて少将にまで上り詰めた人物です。だから、クレムリンの職員が笑いながら言ったんです。「失敗した」と。「ドゥダエフが独立を宣言したときに、彼を中将に昇格させて極東軍管区に異動させておけばよかった。そうすればうまく済んだ」と。

山内　なるほど。

佐藤　ただ、ドゥダエフの場合、本当に面白いのは、エストニアで人民戦線運動が出てくるのに対して、それに対抗するインターフロントの事実上の指導者だったということなんですね。ソ連邦維持のための。ところが、ナショナリズムの力によってソ連の解体プロセスに入った後に、彼はチェチェンに入ってチェチェンの独立を主張するんですが、チェチェンはロシア連邦からは独立するんだけれども、刷新されたソビエト連邦の一員だと主張しているんですね。そ

ン武装勢力がロシア領タゲスタン共和国への侵攻を契機にロシアがチェチェンを空爆（第2次チェチェン戦争）。2009年まで両国間で紛争が続いた。

＊22　ジョハル・ドゥダエフ
1944〜1996年。チェチェン出身者として最初のソ連軍将軍を務め、90年にチェチェン人民全民族会議執行委員会を率いる。チェチェンの独立宣言後、チェチェン共和国の初代大統領就任。第1次チェチェン戦争でロシア軍の攻撃にあい、死亡。

れでソ連邦が崩壊したことによって、ロシアから独立するという流れになってしまったんです。

「戦争になる」ブルブリス国務長官は言った

佐藤　実は1994年と99年の2回のチェチェン戦争というかたちだけではなく、本当はその以前、91年にもチェチェン戦争があったんです。軍が1回介入している。ところが、あのときにはルスラン・ハズブラートフ[*23]がチェチェン人だった関係で、同族殺しを避けた。

山内　ロシア共和国の議会（国会）議長でしたね。

佐藤　そうです。当時エリツィン政権の事実上のナンバー2でした。アレクサンドル・ルツコイ[*24]副大統領よりも力がありましたから、それで彼が、1991年にロシアとチェチェンの間に勃発しかけた戦争を止めたんです。その結果、何が起きたかというと、チェチェン共和国の首都グロズヌイにある3000メートル級の滑走路が事実上の無法地帯になった。そこから密輸が始まりました。輸出するものも輸入するものも、とくにタバコとか酒とかを密輸していました。

＊23　ルスラン・ハズブラートフ　1942年生まれ。ロシアの政治家、経済学者。チェチェン人。ロシア最高会議議長を経て、93年の騒乱で全職を解任。政界引退後、チェチェンに戻るが、ドゥダエフ大統領との確執などから再びロシアに戻り、大学で教鞭をとる。チェチェン情勢の緊迫化と共に政治活動を再開。

＊24　アレクサンドル・ルツコイ　1947年生まれ。ロシアの政治家、軍人。66年、ソ連軍入隊後、85年にアフガニスタン戦争に従軍。空軍少将を務める。90年にロシア人民代議員に当選、翌年、エリツィン政権で副大統領。

それを国内で売りさばくわけです。あるいは電化製品などを税金を一切払わずに。そのさばいたあがりはクレムリンのチェチェン系の連中に流れていたんです。

山内　それがチェチェン・マフィアにつながっていくのですね。ロシア・ホテルなどに屯《たむろ》していたグループ……。

佐藤　ロシア・ホテルはイングーシ人が牛耳っていました。イングーシ人にしても、チェチェンの混乱を利用して利益を得ていました。いずれにせよ、チェチェンの無法地帯化がロシアのマフィア政治のスタートになりました。もう少し端折《はしょ》って言うと、93年10月にエリツィンとハズブラートフの関係がおかしくなってハズブラートフが負ける。そのあともチェチェン人の資金ネットワークが残っているわけですよ。すると、このネットワークは当時のエリツィンにとっては都合が悪い。それがクレムリンの統制を外れてどんどんマフィア化するとともに、反エリツィン勢力の資金源になっていきました。それを閉ざす必要があるということで、94年の第1次チェチェン戦争が起きているわけですよ。

山内　結局、ロシア人マフィアとチェチェン人マフィアの対立、抗争といったものが表に出たときには、戦争というかたちをとってはいるけれども、基本的にマフィア抗争の延長線上だったのに、チェチェン人がヤクザでロシア人が善でもあるかのような上から目線のロシア分析が日本にもありました……。

佐藤　その側面もあるわけです。それで、あのときの実態を私はよく覚えているんですが、1994年12月初め頃だったな。ちょうど大使館の忘年会か何かをやっているときに、当時のロシア国務長官のゲンナジー・ブルブリス[*25]から電話がかかってきたんですよ。それで、「いまからすぐうちに来い。重要な話がある」と。「ちょっと大使館で宴会をやっているので勘弁してください」と言ったら、「お前は政治に関心がないんだな」と言って、ガチャンと電話を切られてしまった。これは相当に大変なことだということで、大使の了承をとって、大使館の宴会を飛ばしてブルブリスのところに飛んでいったんですよ。

山内　外交官として、ここがロードスだ、さあ飛べという関頭に立ったということですね。

佐藤　そうです。そうしたら、こういう話なんですよ。いきなり、「戦争になる」と。「ブルブリス先生、どういうことですか?」と聞けば、「チェチェンで戦争になる」と。「これから猿芝居が行われる」と言うわけです。セルゲイ・ステパーシンという当時のFSOK（連邦防諜庁、FSB＝連邦保安庁の前

＊25　ゲンナジー・ブルブリス　1945年生まれ。92年末までエリツィン大統領時代のロシア国務長官、第1副首相などを歴任。91年のソ連崩壊のシナリオに関与したとされる。

ブルブリス元国務長官は佐藤氏に「西側諸国に連絡して『チェチェンで戦争が起きる』と国際世論をかきたててくれ」と言った。

身）の長官が、ドゥダエフを暗殺するために刺客を送った。そうしたら秘密警察のなかにチェチェン側が浸透していて、全員つかまってしまった。それでチェチェンのテレビに出させられて、その経緯を、３０００ドルで頼まれたという話を全部自白させられました。

エリツィンはテレビを見ないし新聞も読まない。不快な出来事については知りたくないと言って、新聞は１日Ａ４紙３枚のサマリーしか読みません、幸いにもエリツィンはまだ何も知らない。知ったら大変なことになる。そこでステパーシンが、ヴィクトル・エーリン内務大臣と、パーヴェル・グラチョフ国防長官と相談した。「ここのところで戦争になれば、この問題は済むだろう」と。そこで、「いまエリツィンの支持率は2割ぐらいだ。支持率を向上させるためにはマフィア対策を国民は望んでいる。だからチェチェンのマフィアを掃討しましょう」ということで話がまとまったんです。それでエリツィンにはこう言うわけです。「大統領、鼻の調子が悪いでしょう。しばらく蓄膿症《ちくのう》の手術で入院してください」と。

山内　なるほど、健康上の事情を出したんですね。

佐藤　それで「うまくいったら、大統領のご指示どおりやったというかたちにします。うまくいかなければ我々が責任をとります」と。そうしたらエリツィンは「おお、孝行息子よ」と言って喜んだ。それで私は「うまくいくはずないでしょう、ブルブリス先生」と言った。すると「そうなんだ。だからすぐ東京に報告して、西側主要国に連絡して、『いま、とんでもない動きがある、チェチェンで戦争が起きようとしている』ということで国際世論をかきたててくれ」とブルブリスは言うのです。「ブルブリス先生、どこからそんな話を聞いたんですか?」「(アンドレイ・)コズイレフ外相から聞いた。コズイレフも連中と一緒に飲んでいた」と。「じゃ、コズイレフは何て言ったんですか? 止めなかったんですか? そんなイカレたことに対して」と私は返しました。すると、これに対してブルブリスは、「コズイレフはこう言った。『グラチョフが言っているように10日から2週間で収まるならば、国際社会は沈黙しているでしょう』」と答えました。

山内　チェチェンを甘く見ていましたね。19世紀から20世紀のチェチェンの抵抗史を知らなかったのでしょうか。

佐藤　できないとわかっているから、コズイレフはそういう答えをすると同時にブルブリスに連絡をしてきたんです。

それでめちゃくちゃな状態になって、最後に何が起きたかというと、1994年12月31日、この日は国防大臣のグラチョフの誕生日を祝って、ステパーシン防諜庁長官とエーリン内務大臣と3人で、グラチョフの別荘で飲んでいたんです。それで「今日は誕生日だから今日中にいいことがないといけない」ということで、「グロズヌイを落とせ」と総攻撃を命令した。それで三つの部隊が調整をとらずに入って同士討ちになってしまった。その模様は現地入りしていた各国のテレビでも放映されて、エリツィン政権に深刻な危機をもたらしたんです。

公的な世論調査によれば、その翌月のエリツィンの支持率が8パーセント。それで「大変なことになったじゃないか」と大統領府の副長官のところに行ったんですね。そうしたら、「お前、公式の世論調査の数字を信用しているのか。大統領府の調査では2パーセントだ」と。こういう状態になったときですね。

山内　そのときは指揮官がアレクサンドル・レベジ[*26]でした。

佐藤　レベジがシャミル・バサエフ[*27]なんかと話をして、最終的にはレベジがアスラン・マスハドフ[*28]とハサヴュルト協定[*29]を96年につくって、「ロシアはチェチェンが独立国であることに異議を唱えない、チェチェンは、ロシアがチェチェ

＊26　アレクサンドル・レベジ　1950～2002年。ロシアの政治家、軍人。クラスノヤルスク州知事を務め、有力な大統領候補でもあった。91年、ソ連崩壊直前のクーデター未遂事件を抑えたことで国民の人気を得た。エリツィン政権時に安全保障会議書記。ヘリコプターの墜落事故で死去。

＊27　シャミル・バサエフ　1965～2006年。チェチェン独立派を率い、2002年のモスクワ劇場占拠、04年の北オセチア共和国のベスランで起きた学校占拠などのテロ事件の黒幕とされた。ロシア南部のイングーシ共和国でロシア政府の特殊部隊により殺害。

＊28　アスラン・マスハドフ

ンをロシア連邦の一部であると主張していることについて異を唱えない」、そういう玉虫色の協定にして、現状で停戦しました。実態としてのチェチェンの実効支配は独立派によるものだったので、それでチェチェンの事実上の独立が達成されたということになる。

山内　レベジが死ぬのは第2次チェチェン戦争の前ですね。

佐藤　第2次チェチェン戦争の前で、ノリリスク・ニッケル[*30]が民営化しないといけないということで、彼は当時、クラスノヤルスク地方の知事をやっていたんですね。それでヘリコプターで移動しているときに、ヘリがなぜか高圧線にひっかかるという事故で死んでしまいました。事故死だということで解剖もされなかったんです。

　ちなみに、それと似た話では、ファルフトジーノフというサハリン州の知事が、サハリン3の鉱区の新しいのが見つかったということで、その権利関係でもめているときに、同じようにファルストジーノフが乗るヘリコプターが高圧線に触れたことによる事故死ということで、これも同様に解剖はされていない。

1951〜2005年。チェチェン共和国の軍人、政治家。ドゥダエフ政権時に参謀総長として軍事作戦立案を担当。1994年のロシア軍によるチェチェン侵攻以来、ロシアとの交渉責任者を務めた。97年、大統領就任。同年、エリツィンとの間でロシア・チェチェン和平条約を調印するが、99年のダゲスタンの民族紛争を契機にロシアとの戦争再開。ロシア軍との戦闘により死亡。

＊29　ハサヴュルト協定　1996年にロシアとチェチェン共和国の間で締結された第1次チェチェン戦争における停戦協定。

＊30　ノリリスク・ニッケル　ロシア最大手の非鉄金属生産会社。世界最大のニッケル鉱石生産高を誇る。数多くのレアメタルを精製する。

7代前までさかのぼる「血の復讐の掟」

佐藤　今回、山内先生との対談に際して、『スターリン全集』を読み直したんですが、7巻とか8巻には「回教共産主義者」という言葉が頻繁に出てくるんです。いわば、ムスリム・コミュニスト。その概念自体、いったいどういうことなのかを考えなければいけないのに、そういえば我々は何の問題意識も持たず、全然深く考えてこなかった。同書2巻でも、スターリンは、カフカースの細かい民族関係、宗教事情を丁寧に見ているんです。

山内　わざわざ編纂《へんさん》されたスターリン全集のなかに何故にスルタンガリエフ[*31]やムスリム・コミュニストの問題が取り上げられているのか、私の問題意識もそのあたりから出発したのです。スルタンガリエフを「サルタンガリエフ」と、スルタンを「サルタン」と日本人が呼んでいた時代の訳も懐かしいですね。そうすると、いまのISのなかには、例えば軍事部門の責任者や高級司令官の大多数がチェチェン人というのも、豊富な実戦経験やロシアへの反抗体験を考えればうなずけるのです。ISには、グルジアにいるチェチェン系出身者、それ

＊31　スルタンガリエフ　1882〜1940年。タタール人のボリシェヴィキ指導者。中央アジアのイスラーム圏をめぐって、これまでロシア人によって抑圧されてきたその地に居住するトルコ民族の独立を優先することを主張し、スターリンら党中央と対立。民族主義的偏向とみなされ、粛清の対象になり、処刑された。

からヨーロッパに「ディアスポラ〔diaspora ＝原住地を離れた移住者〕として滞在するチェチェン人たちが合流している背景も見えてくる。いずれにしても、カフカースという要素を通して、ロシアという要素もＩＳそのもののなかに含まれているのですね。アラブ研究はじめ中東研究をロシア研究から切り離して考える現代地域研究の大変窮屈な面を反省しなくてはなりません。

佐藤　山内先生がその点についてきちんと研究されているので、私たち外務省の実務家は助かりました。スルタンガリエフも、チェチェンにしてもそうだし、ダゲスタンあるいはレズギンとかそういった、普通のロシア人では知らないような民族名が、山内先生からすっと出てくるでしょう。それから中東のほうの、例えばチェルケス人の話なども出てくるわけで、こうした幅広い学識に触れることで、ロシア人の専門家たちも我々に普段話さない踏み込んだ話を山内先生にはしてくれます。そうすると、そこにまた新たなヒントがあるものなんです。

例えば、ロシア科学アカデミー民族学・人類学研究所のセルゲイ・アルチューノフ先生という日本学者が、カフカース部長を務めていました。イヌイットの北極圏研究でも非常に有名なかたなのですが、もう引退されたと思います。彼に教えてもらったチェチェン人の民族的慣習があります。男の子が生まれて物心がつくと、その子に何をまず教えるのか。お父さん、おじいさん、ひいおじいさん、7代前までの男系の祖先の名前と、どこで生まれてどこで死んだかという場所の名前です。あとは墓の場所が非常に重要だと。殺害されている場合は、その仇《かたき》が誰であるのかということを覚えさせられて、仇の側の男系の7代後までに仇討ちをしないといけないという血の復讐の掟《おきて》があって、それはいまも機能している。それだからカフカース地域の人は、殴り合いまではなるんだけれども、殺し合いにまで発展することはほとんどない。一見、本当に周辺的な、いわゆるトリビアな話なんですが、この話を知ることで、チェチェン紛争のときの、例えば、次のようなことが理解できるようになるわけです。

19世紀、1860年ぐらいにカフカース全域がロシアの支配下になった。そのときに、ロシアの支配を潔しとせずにオスマン帝国に亡命したチェチェン人、チェルケス人たち、彼らをあまり明確に分けていませんから、どちらの民族がどれだけいたのかはわからないのですが、その末裔《まつえい》がトルコに150万人ぐらい、アラブに100万人ぐらいいると見られています。その人たちは1920年代にソビエト政権が北カフカースに成立したことから行き来ができなくなるんです。その次に行き来できるようになるのが80年代の終わり。それこそゴルバチョフによるペレストロイカが進展した88、89年の頃ですね。

そこで通常の感覚で考えてみてほしいのですが、65年間行き来していなかった、例えばブラジルに渡った、ボリビアに渡った親戚が来ても、全然共通の記憶がないでしょう。ところが、家庭ではチェチェン語を共に喋る。同時に、先ほどお話しした血の報復の掟を照らし合わせたとすれば、仮に1世代を約20年間としても、65年だったら3〜4世代なんですね。ということは7世代の血の報復の掟のなかに入るわけですから、すぐに同胞意識が回復できるんですよ。

当時のモスクワにいる日本人は800人ぐらいでした。ところがロシア全体にいるヨルダン人は5000人。そのほとんどがチェチェン系なんです。

山内　あるいはチェルケス人。ヨルダン王国の住民のほとんどはアラブ人ですが、アルメニア人もいればチェチェン人やチェルケス人もいます。

佐藤　チェチェン、チェルケス系ですね。ただし、当時のモスクワでは、チェチェン系ヨルダン人が圧倒的に多かった。

山内　ヨルダンにアブハズ人、アディゲ人、アヴァール人などカフカースの民族もいるのには驚きます。

佐藤　それがチェチェンが独立をすることになったら義勇兵として入ってくる。

これによって自国民保護という観点で、ヨルダン大使館は大忙しになる。裏返せば、ヨルダン大使館に行けばチェチェン情勢がすごくよくわかった。だから、たびたびヨルダン大使館に行って情況を教えてもらったものです。

山内　それはたいした情報収集術ですね。ヨルダン王国の由来をさかのぼると、また違った全体像が見えてきます。そもそもヨルダン国家というのは、まさに「アラビアのロレンスの世界」でした。第1次世界大戦後に、当時のヒジャーズというイスラームの聖地メッカ、メディナも支配していたハーシム家がルーツとなります。ハーシム家には両聖地の守護者フセインと息子のファイサル、あるいはアブドラらがいたのですが、そのアブドラという人物に、イギリスがヨルダンの地の支配を委ねたことはすでに触れましたね。

ヒジャーズのハーシム王朝は外部から王が迎え入れられるかたちでヨルダンにやってきました。もとからこの地域に住んでいるヨルダン川東岸の部族民たち、そして現在もヨルダンの約7割を占めているパレスチナ人たちにしてみれば、所詮、外からつくられた王家であるわけです。だから、この地を支配する王朝には、忠誠心が確かな人間が周囲にいないといけない。

それで、ハーシム王家がどこに忠誠心のある人間を求めたのかというと、一つはもちろんベドウィン（アラブの遊牧民族）たちです。もう一つは、カフカースからマムルークという奴隷軍人を連れてきたイスラーム史の伝統に基づく人材開発ですね。その主要な供給源がカバルダ人やアディゲ人も含めたチェルケス系出身者なのです。さらにチェチェン人やイングーシ人といった人々もいるのです。今回のＩＳ紛争をめぐっては、ＩＳのチェチェン人たちとヨルダン王国のカフカース系出身者との対立という側面もある。

だからいまでもヨルダンに行くと、例えば２０１４年11月にヨルダン大学に行って講演してきたばかりですが、どう見ても顔も名前もアラブ系ではない人が実に多いのです。国王の側近や王族の顧問には、チェルケス系などのカフカース系の人が起用されているのも偶然ではないのです。

チェルケス人と名乗った「アラビアのロレンス」

山内　なかでも空軍にはカフカース系が多いと言われています。いわゆるエリートとされる空軍にはチェルケス系やチェチェン系の人たちもかなり多い。ＩＳによって殺害されたヨルダン空軍のカサースベ中尉もイラン系ともカフカース系とも言われています。

佐藤　そうすると、そこで鍵になるのが、複合アイデンティティの問題です。ヨルダン人であり、チェルケス人であり、あるいはチェチェン人であり、イスラーム教徒であり、いろいろなアイデンティティを持っている。ちなみにチェルケスでは、イスラエルに行ったときも驚いたのですが、タボール山に行ったんです。タボール山とはヨルダン川の横のお碗みたいに丸くなった山で、ロシア正教会のほうの伝承によれば、ここでキリストの変容が起こった、光るようになったということです。

山内　確かロシア語では、プレオブラジェニエ[*32]（[Preobrazhenie, Преображеие]）でしたか？

佐藤　そうです。そのプレオブラジェニエの起きたところです。この山の頂上にカトリックの修道院と正教会の修道院があるんですけど、お互いものすごく仲が悪いんです。

山内　そうでしょうね。それはエルサレムの聖墳墓教会の宗派関係者の日常的なイザコザを見ていればわかる（笑）。掃除の箒《ほうき》が受け持ちのラインから少しはみ出しても殴り合いが始まります。

＊32　プレオブラジェニエ　主（キリスト）の変容。聖書に記されている、イエス・キリストが高い山に弟子たちを連れ、旧約の預言者であるモーセとエリヤと語らいながら白く輝く姿を弟子たちに示したとされる出来事。

佐藤　山から下りてきたあと、アラブ人の村で昼食を取ったのですが、案内をしてくれた元モサド（イスラエル諜報特務庁）幹部が「隣にチェルケス人の村があるから覗いてみよう」ということになって行くことになったんです。チェルケス人の村があって、そこはヘブライ語とアラビア語と英語と、キリル文字＝ロシア文字表記をしているわけです。チェルケス人の博物館もあるんです。現地事情に詳しい観光ガイドに聞いてみたら、カフカース戦争[*33]のあと、チェルケス人の一部はタボール山の麓が割り当てられ、そこに住むことになった。イスラエル独立戦争[*34]のときにユダヤ人側についたから、チェルケス人は非常に優遇されている。チェルケス人はアラブ人とは別の扱いになっているというんです。だからイスラエル国家の与党なんだと。「どういう職業が多いんですか」とたずねたら、「国軍もいるけれども、医師が非常に多い」と。

山内　エリートということですね。

佐藤　医師、弁護士、それが非常に多いと。だから、チェルケス人というのはイスラエル社会で一目置かれているんだと話していました。

山内　チェルケス人には歴史的にもう一つ特徴があります。オスマン帝国のスルタンから大宰相、大臣や州長官、県知事といったエリート階級のハーレムで

＊33　カフカース戦争
１８１７〜１８６４年。北カフカース支配を目論んだロシアと、カフカースに居住するチェチェン人、タゲスタン人、チェルケス人らとの間で行われた戦争。

＊34　イスラエル独立戦争
１９４８年、イスラエルの独立宣言にそれを承認しないアラブ諸国（シリア、レバノン、ヨルダン、イラク、エジプト）が反発し、イスラエルに攻撃を仕掛けるも敗退。パレスチナにおけるユダヤ人とアラブ人の対立に起因することからパレスチナ戦争、第１次中東戦争とも言う。

は、チェルケスの女性が珍重されたといいます。イギリスのレディ・ガートルード・ベル[*35]は、『シリア縦断紀行』（1907年）でアレッポ州長官の背が高く小顔の夫人をこの世で最高の美女だと形容しています。黒髪でほっそりと筋の通った鼻、細い顎《あご》、黒い小さな池のような両目の上にアーチ状の眉がかかっているというのです。ダマスクスで会ったダマスクス州長官の美人妻の礼儀正しさに良い印象を持ったと書いています。

男性もそう。映画でも描かれたように、アラビアのロレンスがシリアのデラアでトルコ人に捕まって、その支配者の男色の対象にされながら拷問を受けたと回顧しています。これには異論もあるのですが、ロレンスは何と言って逃げようとしたかというと、肌も白いし、髪もブロンズで目も青いので、「サーカシア人です［Circassians］」とチェルケス人と偽って逃げようとしたんですね。

佐藤　まさにそれと同様の作品が最近のものでもあります。2002年から11年まで、英国BBCのテレビドラマで『スプークス（spooks）』[*36]という、日本ではいま、「hulu」で見られますが、邦題が『MI－5英国機密諜報部』。9・11テロを受けて、イギリスの保安部にはいかにMI－5の活動が必要なのかと問うたものです。諜報部員をモスクに潜入させたりするシーンがいろいろと出

＊35　レディ・ガートルード・ベル
1868～1926年。イギリスの考古学研究者、情報部員。2度の世界周遊を経験し、第1次大戦では情報将校としてイラクに赴任。「アラビアのロレンス」のモデルとなったT・E・ロレンスと知己を得る。その後、イラク建国に尽力。「イラク建国の母」とも称される。

＊36　スプークス
イギリスで大人気のスパイアクション。陰謀、組織犯罪、テロなどに対して命がけで戦うMI－5の諜報員らの人間模様を描く。英国映画テレビ芸術アカデミー賞、国際エミー賞等受賞多数。

てくるのですが、工作の一つとしてシリアに潜入させるときに、MI－5の人間がチェルケス人に化ける場面が出てくる。そこで言われるのが、チェルケス系というのなら肌の色も同じで目の色も青、大丈夫だろうと。

山内　まさにロレンスです。先ほどのガートルード・ベルの著述は御存じですね。

佐藤　ガートルード・ベルのその文章は、現在のイギリスの中学校の教科書にも一章設けられています。『The Impact of Empire［(This Is History!)］』という教科書で、最近、私はそれをベースにしたかたちで本を執筆しているのですが、原書の翻訳版は日本では明石書店から出されています。彼女自身についての記述も、イギリスで使われている教科書に出ていますね（［"Gertrude's dreams for the Arabs?"］）。

山内　そのとおり。このベルという女性はイギリスの中東における政策に関しても非常に大きな存在感を持っていました。イラクとシリアの枠組みに関して、サイクス・ピコ協定のことだけで言われているけれども、あの枠組みの設定のアイデアはベルにあったのです。ベルこそはイラク政策におけるイギリスの隠れた責任者だったと評する人もいるくらいです。

ベルはチェルケス人の男性についても、たくさん興味深いことを言っています。男の性格ときたら、「父は子を裏切るし、子も父が腰に金貨を隠していれば殺しかねない」とアラブ人が憤慨した事実を紹介している。この偏見や誇大視は、レールモントフの『現代の英雄』のチェルケス人評価とも共通しますね。

佐藤　ええ、『現代の英雄』。主人公の青年将校ペチョーリンがさらったチェルケス人のベッラという女性が出てきますね。

山内　そう、ベッラが出てくる。彼女も、背が高くすらりとしていて、かもしかのような黒目がじっと我々の心を読んでいるようだ、と。しかしチェルケス美女の描写では文学者のレールモントフよりも英国人のベルのほうがすぐれていますね（笑）。レールモントフには、チェルケス人は名うての泥棒だと決めつけるロシア人が出てきます。盗めとばかりに出しっぱなしになっているものなら、ふんだくらずにはいられない手合いだというわけです。この台詞の背景には、チェチェン人、チェルケス人、それからオセット人など、様々な民族の個性描写があります。巧拙はともかく、レールモントフとベルの民族観や文明論には、やはり共通するところがあると思います。それを人種偏見やオリエンタリズムと言ってしまえば、あまりにも定型化しすぎるきらいがありますが

（笑）。

ツルゲーネフとニーチェで読み解くISとニヒリズム

山内　結局これは、当時の帝国を支配した民族としてのロシア人とイギリス人たちが、どういう目でイスラーム教徒なり自分たちの支配下に置いた民族を見ていたかという視座と統治意識につながる優越感の問題になります。

佐藤　確かにそうですね。先ほど申し上げたテレビドラマ『スプークス』にしても、どこかロシア人とイギリス人の共通する視線を感じます。

山内　それは文学もそう。例えば、トルストイもその一例でしょう。

佐藤　ロシアからの解放闘争を率いたカフカースの指導者を描いた『ハジ・ムラート』（1904年）などが知られています。

山内　同作のなかでトルストイは、イマーム・シャーミル[*37]という、普通イスラームでは英雄視されている宗教指導者について、その虚像をひっぺがしました。礼拝をしようというときにも、実は彼の頭のなかにあるのは礼拝などでなく、18歳のキスチン女のアミネートの愛撫だけだと看破する。人が見ていないとこ

＊37　イマーム・シャーミル　1797〜1871年。ロシアによる北カフカース支配に抵抗するムスリムを率いた宗教指導者。

ろでは平然と煙草を吸うのも、外国に出れば斗酒なお辞さないほどのサウジアラビアの若者たちにも共通します。それに対して、同作の主人公でシャーミルの片腕だったハジ・ムラートについては、一見朴訥《ぼくとつ》で野蛮そうに見えるけれども、実は誰でも人類なら普遍的に持っているヒューマニティや優しさを秘めた人間として描いています。レールモントフと違って、ただ異教徒や野蛮という側面で見るのではなくて、イスラームであれ何であれ人間としての普遍的な要素を見出そうという視点は感心させられます。やはりトルストイという作家はすごい。

佐藤　そうですね。

山内　レールモントフとトルストイの視線の違いのついでに、ツルゲーネフの『父と子』の登場人物のニヒリストのバザーロフ、あのニヒリズムは何に起因するものなのか。社会主義を目指したナロードニキ[*38]運動の挫折とその過激化のなかで、結局、それがロシアの革命家グループの俗称ともいうべきロシア・ジャコバンと結びついて、レーニン主義やスターリン主義のような全体主義に向かっていく――。

佐藤　最初のボリシェヴィキとも称された革命家のトカチョフ、彼あたりがワ

＊38　ナロードニキ運動　1860年頃から始まった人民主義者たちによる革命思想および運動。農民の共同体を基盤として、資本主義を経ることなく人民革命によって社会主義が実現できると唱えた。

ンクッション、その過程にありましたね。

山内　そうですね。職業的革命家による独裁樹立を目指したトカチョフがまさにロシア・ジャコバンですからね。『父と子』に描かれているのは、まさに父と子の世代感覚の断絶です。父の世代は、狂信者たちの激烈な非合理に対して反発する一方、若者や息子を代弁する連中が貧困者や疎外されている人間らを代表するという主張を、ひとまとめにして拒否する勇気も覚悟もない。父の時代であれば穏健にものを考え、あらゆる出来事に対して妥協、辛抱、我慢もできました。子の代になると、非情な暴力や勝ち誇った私刑を何とも思わない。過激なテロによって一挙に目標達成に近づくことをためらいません。イスラームにおけるＩＳの存在は、19世紀のツルゲーネフが描こうとしたニヒリストにも通じ、「イスラーム史におけるニヒリスト」ともいうべき極端な若者の疎外形態ではないかという気がしてくるのです。もっとも、ＩＳにはロシアのニヒリストが心中で葛藤した人間性否定との相剋《そうこく》さえ感じられません。

佐藤　面白い見方です。私も支持します。

山内　私の視線は、自由主義的な苦渋や優柔不断な父の世代に属するものかもしれません（笑）。しかし、19世紀、20世紀、21世紀とそれぞれ異なりますけれども、若者たちの過激な急進化現象は日本や欧米の近現代史を含めて時代と地域を超えて出てくるものです。そして、父の世代の漸進性や穏健性にあきたらず、彼らは目的を一挙に実現できるかのような手段として、過激なテロ等、即座に達成感の得られそうな幻想に惹《ひ》かれていくという構図があると思うのです。

佐藤　先生のいまのお話を伺って、作家ロープシン[*39]のペンネームを使った、ロシア要人の暗殺にも関与した革命家サヴィンコフを思い出しました。ロープシンの『蒼ざめた馬』（1909年）みたいな印象です。ニヒリズムというと、日本ではどうしてもニーチェの文脈でとらえられてしまうのだけれどもニーチェはむしろ後発で、ロシアにおける既成の価値観を認めないというニヒリズム、こちらはむしろ革命思想で、一挙に世のなかを転覆して変えてしまうことを標榜するものでした。実際、一挙に世のなかを変えてしまいたいという人は、常にどの時代にも一定の比率で存在するんです。

山内　そうなんです。ロープシンの標題は、ヨハネ黙示録第六章の「見よ、蒼ざめたる馬あり、これに乗る者の名を死といひ、陰府《よみ》、これに随ふ」というところから来ていますね。ロープシンには川崎浹《しょう》と工藤正広の二人の訳があり

＊39　ロープシン　1879〜1925年。ロシアの革命家、作家。テロリストの複雑な心理状況を描いた日記形式の小説『蒼ざめた馬』で知られる。

ました。ニヒリズムやアナーキズムとテロとの関係は、イギリスでも、ポーランド生まれの小説家のジョゼフ・コンラッド[*40]が『密偵（The secret agent）』のなかで書いています。実際にあったグリニッジ天文台爆破事件[*41]という、爆破＝テロによって人を驚かせ、恐怖に怯えさせる。誰も気がつかないところでテロ行為を行うことで周囲を驚かせるわけです。現在のテロは人間への実害を出すことが目的であり、発想が全く違っている。グリニッジ天文台爆破事件は、これによって警告を発する、世のなかの虚を衝くのが狙いでした。

その事件をモデルに書かれたのが『密偵』という作品で、ここにもロシアが絡んでいます。ロシア人のニヒリスト、アナーキストたちが秘密結社をつくり、その流れのなかで、在ロンドンのロシア大使館も巻き込んでいくという話です。ある国際シンポジウムでイスラーム・テロリズムを取り上げた際に、『密偵』を引き合いに出したところ、ロシア人の参加者が私のところにやってきて「お前は俺たちを侮辱した。謝れ」ときたのには仰天しました。報告と内容は善いが、「ロシア人」と俺たちの名を出したのは侮辱的だというんですね（笑）。それはコンラッドの作品中のことだといってもダメなんです。兎《と》に角《かく》俺たちを侮辱したというんです。ソ連解体後、かえって文学をもう理解できない人間が出

＊40　ジョゼフ・コンラッド
1857〜1934年。16歳でフランス船の船員となり、その後、イギリス船に移り、28歳でイギリス国籍の取得を果たす。著書に『ロード・ジム』『闇の奥』他。

＊41　グリニッジ天文台爆破事件
1894年、イギリスで実際に起こったアナーキストによる事件。犯人の1人は爆死する。コンラッドの小説『密偵』で描かれた場面。

ているんだとショックを受けましたよ。勿論謝ろうはずもありませんでした（笑）。

佐藤　どの国でも、小説をきちんと読んでいない学者は、視野が狭くなります。しかし、山内先生に食ってかかったような学者は、他のロシア人学者からも尊敬されないと思います。過剰に愛国者的な素振りをする輩がニセモノであることを、ロシアのインテリはよくわかっています。

山内　現代のイスラーム・テロリズムの背景にあるのは、思想的にいえば、まさにニヒリズムにつながるものです。19～21世紀の世界で最初に若者の過激化について問題提起したのは、ロシア文学だったのかもしれません。革命的実践と帝国との対決を含んだニヒリズムは、御指摘のように、ニーチェが語ったニヒリズムとは、全く質的に違う源から出てきています。

ツルゲーネフとまでいかなくても、文学としていま起きているＩＳの現象をアラブ人や中東の文学者に描いてほしいのです。ツルゲーネフがしたように、作家こそが急進化し過激化する人々の熱を分析し描写できるはずです。文学の力には、人間の意識を変える偉大なところがある。それをアラブ人やイスラーム教徒には捨て身で書いてほしいといった願望が私にはあります。いまのところ、19世紀のロシア文学と比べて21世紀のアラブ文学ではそれらしき作品がまだ出ていないようですが……。

佐藤　どうなんでしょう。私自身、アラブのほうの文学を読んでいないですから。ただ、ロシアでは、現在進行形の作家としては、ウラジーミル・ソローキン[*42]にはそういうところがあるのではないかと思います。ソローキンの3部作『氷』が最近訳されていますけれども。

山内　ソローキンはまだ読んでいません。

佐藤　『氷』はこういうストーリーなんですよ。ある日、カルト集団に突然つかまった主人公たちは、氷のハンマーで胸を強く打ちつけられるんです。人によっては死んでしまったり、大怪我する人もいるのですが、ごく一部の人だけ、心臓が突然語りだす。心（セルツェ）で喋るんです。それから徐々に種明かしが始まりますが、１９０８年にツングースに隕石が落ちましたよね。物語のなかでも大隕石が発見されます。その大隕石の周辺の氷というものに特別な力があって、その氷のハンマーで叩くと、心で語りだすのは必ず碧眼《へきがん》で金髪の人間なんです。そういう人間たちというのは真の兄弟団をつくる。こういうふうにして世の中を根本からひっくり返していこうという、ナチスにもＫＧＢにもな

***42　ウラジーミル・ソローキン**　1955年生まれ。ロシアを代表するポストモダン作家。「テクストは紙の上のインクの染み」と豪語。物語を自由に寸断し、暴力性ある作風については批判の声もある。著書に3部作となる『氷』『親衛隊士の日』『青い脂』他。

ぞらえることのできるストーリーなんですけれどもね。
特に1990年代の混乱期を背景にして描いていますから、世代間の価値観の違いとかすべてをぶっ壊して、一挙に世のなかを転覆させるんだという狂信性を描いている。ソローキンはロシアで一部の人々をものすごく引きつけていますからね。

山内 トルコでは東部の都市カルスを舞台にした『雪』を描いた、作家オ[*43]ルハン・パムクの考えに同様のものがあります。大雪の日にカルスを封鎖して、イスラーム原理主義の脅威を恐れた世俗主義者の一部が、軍事クーデターを起こすという話です。ここでは原理主義者や宗教学校生、クルド民族主義者らが暗殺され逮捕・拷問されるというISとは逆の政治模様が描かれています。2014年6~7月に、私は初めてカルスに行き、彼が泊まり小説にも出てくるホテルにも宿泊し、カルスの素晴らしい住人たちとパムクの話もしました。
いずれにしても、いま話題に出たのでちょっと一回戻すとすれば、ウクライナ、ロシア、トルコ、それからいまのISとシリアやイラク、イランも含めた地政学的な大きな変化が発生しています。黒海沿岸から中東にかけての、南ロシア、カフカース、ギリシアを含めたオスマン帝国の旧領土にまつわる問題で

＊43 オルハン・パムク 1952年生まれ。トルコ人の作家。2005年、トルコ国内でタブーとなっている「アルメニア人問題」に触れたことで、国家侮辱罪と捉えられた。06年にはトルコ人初となるノーベル文学賞を受賞。著書に『雪』『イスタンブール』他。

す。

佐藤　クリミアあたりも、まさにそうですよね。

山内　そのとおり。ギリシアもEUとの関係ばかり論じられますが、オスマン帝国の一継承国家として大きな変動現象が起きていることを地政学としていかにとらえていくか。これはまだみんな議論していません。

佐藤　そう思います。実はその文脈で、ギリシアでいま起きていることも、きちんと言及しておかないといけないと思うんです。

山内　まったくそのとおりです。基本的には、やはり帝国の解体がスムーズにいったかのように見えたけれども、実際は、帝国の再編成はうまくいっておらず、崩壊現象がまだ続いているという部分もあると思うんです。

佐藤　それと同時に、宗教も、人種主義も、ニヒリズムも、こういったいろいろな現象を我々は克服したと思っているのですが、それは決して克服したのではなく、一時眠っていただけなのかもしれません。スターリンの民族政策についての分析なども、これから見直す必要があると思います。

　いまもアカデミズムとメディアという一種の二分化が起きていると思うんですね。アカデミズムにおいては道具主義、構造主義、構築主義が主流なんだけれども、マスメディアにおいては相変わらず原初主義的な言説だと。アカデミズムの成果というものは、少しでも現実の政治につなげないといけないのですが、アカデミズムはアカデミズムの枠だけで自己充足してしまっている。一方の現実の政治であるとかメディアの世界も、それと乖離《かいり》したところでやはり自己充足している。両者がつながらないということは非常によくない。それをつなげることができる数少ない人物が山内先生だと思います。だから先生の仕事は重要なんです。

山内　ありがとうございます。

佐藤　例えば、山内先生は、ソ連の崩壊を事前に予測していた数少ない研究者です。しかも、民族問題によってソ連は崩壊すると言われた。当時の趨勢《すうせい》としては、「本当にソ連が崩壊するのか？　民族問題なんて、すでに解決済みじゃないのか」というものが主流でした。

山内　確かにそういった御指摘をされましたね。『瀕死のリヴァイアサン』（1990年）は私もとても気に入ったタイトルと内容の本です。ソ連解体前に、私は東大の先輩教授からさんざん「ソ連が本当に瀕死なのかよ？」と嫌みを言われました（笑）。しかし、彼らの固定観念やイデオロギー的な思い込みは、と思います。

逆にすごいと逆説的に思いましたね。いま考えてみても、いいタイトルだった

佐藤　とてもいいタイトルだと思います。リヴァイアサン[*44]は神義論にもつながってきますからね。先生とのお話からはいろいろな知的刺激を受けています。

その過程で、これはやっておかねばならないと思うことがあって、例えば、スターリンの『マルクス主義と民族問題』は私自身で訳し直さないといけないかなと思うんです。

山内　国民文庫に入っている『マルクス主義と民族問題　―他十篇』（1953年）ですか？

佐藤　ええ。いまは絶版で、買おうと思うと古書価5000円はするんです。さらに、スターリン全集の7巻あたりに民族問題のその後を振り返ったようなものがあって、それも手がけたく思っています。スターリンの民族理解は、いまでも常識的なところにおいては意外と無視できない影響を与えているのではないでしょうか。

山内　稚拙な部分もありましたけれども、とにかく民族問題のパイオニアとして有益な貢献を果たしたと思いますね。トロツキーやブハーリンなどは民族問

＊44　リヴァイアサン　旧約聖書『ヨブ記』に登場する、地上最強とされる巨大な水棲の幻獣。イギリスの哲学者トマス・ホッブスの1651年刊行の同名の主著は、国家主権の絶対性をこの怪物にたとえた。

題を捉えるどころか、自国にムスリム系民族が住んでいることにも権力掌握以前には関心はなかったですからね。トロツキーも軍事人民委員などになって、おそらく初めて「ムスリム赤軍」の問題があることに気がつく。他方、グルジア人のスターリンは、バクーでムスリム社会主義者と恒常的に接触がありましたから、民族問題についてはレーニンも彼に委ねるほどの経験があったということです。

佐藤　スターリンの民族定義には、自己意識も入っていますからね。その意味において、完全な原初主義でもなくて、道具主義との折衷論なのだと思います。ああいったベーシックな書物が容易に入手できないのは問題だと思うのです。

第四章

欧米史観と虚国ギリシアの悲劇

アイデンティティで変わる国境観

佐藤　ヨーロッパの視点で中東問題を考える場合、ヘーゲルの『歴史哲学講義』を真っ先に思い浮かべます。ヘーゲルというのは近代主義者で、東洋をインド、シナ、ペルシア、エジプトの四つにわけ、それぞれの主観的な自由のなさを歴史的発展の観点からバッサリと切り捨てた批判で知られています。しかしこれを、柄谷行人さんが指摘しているように「構造」として東洋を捉えていたのだと考えれば、インド的な類型、シナ的な類型、ペルシア的な類型、エジプト的な類型というのを立てているわけで、とくにペルシア的類型は、東洋とヨーロッパを結ぶ重要な類型として提示していることになる。そう考えれば、ヘーゲルの時代の人間のほうが、皮膚感覚としてのペルシア、現在のイランですが、それが「帝国」であるという意識が強かったのかもしれません。

山内　私はヘーゲルの歴史哲学を十分理解したとはとても思えませんが、大学の教養課程で初めて武市健人訳の『歴史哲学』上下を最初に読んだときはいたく感心しました。そのときにも、決して私は、ヘーゲルがそれほど単純な発展史観、それも全部ヨーロッパ中心主義で他を切り捨てているといった印象を持ちませんでしたね。

佐藤　おっしゃるとおりだと思います。いままでヘーゲルはヨーロッパ中心史観だという一般的な見方があるので、そこの導きの意図に沿って読んでしまう。ヘーゲルというのはナポレオンを見て啓蒙主義にも絶望しているわけですから、『歴史哲学講義』の見方は、発展史観であるとともに類型的でもあるような感じがするんですよ。

山内　マックス・ウェーバー[*1]が1904年に『プロテスタンティズムの倫理と資本主義の精神』を出した後、16年に『儒教と道教』や『ヒンドゥー教と仏教』を発表し、17年には『古代ユダヤ教』を発表しています。未完に終わったけれどもイスラームについても彼は関心を抱いていましたね。こういう比較の見方というのは、ただの差別主義やヨーロッパ中心主義からだけだと出てこないスケール感なのです。これをすべてオリエンタリズムといってしまえば、そもそも学問は成り立たなくなる。

当時のヨーロッパ人たちがヨーロッパ中心主義になるのは、ある意味では当然です。それは現在の中国人にも中華思想があるのと同じように、またイスラ

＊1　マックス・ウェーバー　1864〜1920年。ドイツの社会学者。政治学、歴史学、経済学など社会科学全体にわたる業績を残している。マルクス主義とは一線を画し、自由主義者として行動したが、ドイツ帝国には批判的だった。著書に『職業としての学問』『職業としての政治』『経済と社会』他。

ーム中心主義があるのと同じような面を持っています。それぞれのエクメーネ（可住地域）で生きている人、生活を営んでいる人にとっては、自分にとっての「内と外」という感覚がある以上、こうした区分や区別がなくならない。ただ、近代ヨーロッパ人は産業資本主義と世界市場を手がかりに「中心主義思想」に物質力と軍事力の裏付けを持ってしまった。ここに欧米人の優越感が成立したわけです。

佐藤　その感覚がわかるかどうかということなんです。

山内　例えば、「外国の」「異国の」を意味する英語のフォリン［foreign］という言葉にしても、もともとの forein は forās（外に）や forānum（外に住む）というラテン語が語源のようです。自分たちが現に住んでいる場所との対比で外を強調することで出てくる言葉です。中国でも「夷狄《いてき》」「化外《けがい》」と「中華」「中原《ちゅうげん》」の対比は、いずれも外と中心を比較しています。「北狄」「西戎《せいじゅう》」「東夷」「南蛮」といったかたちで使われる自他の差別意識は、ギリシア史では「バルバロイ」と「ヘレネス」が有名ですね。バルバロイの意味は、「聞き苦しい言葉を話す者たち」といった感覚です。「アラブ」はいつも「アジャミー」（粗野なアラビア語を話す人びと、野蛮人）としてイラン人を意識してきました。

日本にしても、「都」という中心と、「鄙《ひな》」という外、つまり田舎があります。こうした「区別感覚」とは、私たちが現代的な意味でいう「差別感覚」よりももっと前にあった区別、差異を表しているのでしょう。ヘーゲルなどヨーロッパ人の感覚に差別や差異につながる部分があったのは、ある意味では当然なので、そこばかりに拘泥《こうでい》して、文学から社会科学まですべてオリエンタリズムを規範のようにするのは実につまらないなと私は思っています。

佐藤　それはそうですね。それは逆にオクシデンタリズム（[occidentalism]＝反西洋的）にしかならないですからね。

ところで、これまでの話のなかでも触れた地政学の泰斗、マッキンダー。彼はスコットランド人でしたね。

山内　イングランド生まれですが、スコットランド系です。

佐藤　あのいろいろなイギリスのブリテンの思想において、スコットランドというのは独特の地位を持っています。だから、スコットランドにいると国境観の違いもあるし、言語に関してもマッキンダーの時代になるともうだいぶ薄れてきていますが、ただ、アイデンティティによる国境観の違いは非常に大きい。

山内　2014年9月には、スコットランドでイギリスからの独立を求めた住民投票があり、反対派が賛成派を若干上回る結果となりました。

佐藤　スコットランドから見れば、ちょっと違う視座から大英帝国の広がりも見えてくるのでしょうね。

山内　スコットランドは非常に面白いと思います。この国からはアダム・スミス[*2]などのスコットランド啓蒙主義やデヴィッド・ヒューム[*3]のスコットランド常識学派という独特な視点を持つ学者たちも出てきます。イギリスは、自らの国のなかに、歴史的に大きくいえばスコットランドとアイルランドとウェールズとイングランドという国家を持っているわけですからね。さらに面白いのは、彼らは英語を使いますが、民族語も使用するか記憶していることですね。スコットランドではゴルフとは言わない。「ゴウフ」と言うのです。ゴルフと言うと、「何だ、それは。どこの俗語だ」とからかうらしい（笑）。

佐藤　ウェールズあたりだと、民族言語がいまでも普通の会話に使われていますからね。あと、サッカーの試合が面白い。

山内　確かに面白い。

佐藤　本当にイギリスのサッカーを見たことがあるかどうかの判断基準は、ユ

＊2　アダム・スミス　1723〜1790年。近代経済学の父と称されるスコットランド出身の経済学者。市場経済においては、個人が自己利益を追求することで、あたかも神の手によって導かれるように社会全体に適切な資源配分がなされるとして、市場メカニズムを重視する考え方を主著『国富論』で説いた。

＊3　デヴィッド・ヒューム　1711〜1776年。スコットランド出身の哲学者。哲学を越境した様々な分野への論考、執筆活動を展開するとともにフランス大使秘書なども務めた。当時のフラン

ニオンジャックを見たことがあるかどうか。「応援でユニオンジャックを振っているチームがある」と言ったら、その人は嘘をついています。彼らはスコットランド旗なり、ウェールズ旗なり、イングランド旗なり、それぞれの民族の旗を振りますから。サッカー協会もそれぞれに分かれている。

山内　ゴルフについて言えば、いま世界ランキング一番の選手はローリー・マキロイですが、彼は北アイルランド出身なのです。そこで2016年のリオデジャネイロ五輪のときに新種目となるゴルフに、アイルランドの選手として出るとも取り沙汰されています。イギリスから出るのか、アイルランドから出場するのか、まことに悩ましいところですが、独立国アイルランドと連合王国のいずれにも帰属意識を持つというのは、まさに「複合アイデンティティ」という問題にも関わってきます。

佐藤　これはかつて、アメリカの政治学者ベネディクト・アンダーソン[*4]が指摘したことで、グレートブリテン、英国のユナイテッドキングダムという言葉のなかには、どこにも「ネーション（＝国民）」を意味する言葉がないんです。「グレートブリテン及び北部アイルランド連合王国」で、ウェールズ人、それからイギリス人、スコットランド人、アイルランド人というのはいますが、グ

ス政府の追及を受けていたジャン＝ジャック・ルソーと交流し様々な便宜を図ったが、関係はのちに破綻し、大きな論争を巻き起こした。

＊4　ベネディクト・アンダーソン　1936年生まれ。アメリカの政治学者。専門分野は政治学、東南アジア研究。コーネル大学名誉教授。著書に『想像の共同体　ナショナリズムの起源と流行』『言葉と権力』『比較の亡霊』他。

レートブリテン人という民族はいないし、アイルランド人はいるけれども北部アイルランド人という民族はいない。しかもそれは、旧ソビエトと一緒だと。

山内　ソビエトと同じですね。まさに連邦。どこを探したって土地の名前もない、民族の名前もない。エスニシティ［ethnicity＝民族性］を感じさせる名前もない。これも非常に不思議ですが、帝国というのはそうしたものかもしれません。オスマン帝国も自分たちは「高貴な国家」「イスラームの家」くらいで済ませていました。アメリカも普通は「合衆国」ですからね。

佐藤　不思議な帝国なんですよね。

独仏が見るIS現象と歴史の背景

佐藤　それで先生、その関係において、ちょっとまた脇に逸《そ》れてしまうのですが、どうも私は、そこには中世における実念論[*5]と唯名論[*6]の比重の違いがいまも残っているんじゃないかなという感じがするのです。要するに、15世紀にヤン・フス[*7]の宗教改革が起きる。あれは14世紀の宗教改革の先駆者であるジョン・ウィクリフ[*8]の影響をそのまま引っ張っていますが、何故かというと、チェ

＊5　**実念論**
普遍的概念の実在性を主張する。意識や主観を超えた独立の実在を認め、何らかの意味でそれとかかわることで認識や世界は成立していると説く。

＊6　**唯名論**
実念論に対立する考え方。個体こそが実在であり普遍とは単に物の存在のあとにある名称に過ぎないとする。

コのカレル大学とオックスフォード大学の間の教授、それから学生の交換が非常に多かったんです。両方とも実念論なんですよ。

山内　カレル大学というのはプラハの？

佐藤　そう、プラハです。それで、他のところは唯名論に移行しちゃっている。そうすると、実念論者の世界では目で見ることはできないけれども、確実に「在る」ものが「有る」というリアリズムを彼らは持っている。この感覚は共通しているわけです。

例えば、イギリスには成文憲法がありません。しかし、成文憲法がなくても、いわば「国体」みたいなものとしての憲法はある。目には見えないけれども確実に在ると誰もが確信しています。イギリス人はすごく愛国的ですよね。そういう実念論的な感覚がイギリスのネーションステイト（国民国家）に収まりきらないところというのは、メタの部分で非常に深く関係しているような感じがするんです。

山内　それは、イギリスがヨーロッパの大陸諸国と異なる点ですね。

佐藤　大陸諸国とも、あるいはアメリカともちょっと違う。日本の我々のなかにも実念論的な感覚があると思うんです。例えば、いまの日本では目下、憲法

＊7　ヤン・フス　1369～1415年。ボヘミア（現在のチェコ）出身の神学者。15世紀における宗教改革の先駆者。カトリック教会の世俗化を厳しく批判したことから、神聖ローマ皇帝ジギスムントが招集したコンスタンツ公会議で危険な異端者と断ぜられ、火刑に処された。

＊8　ジョン・ウィクリフ　1320頃～1384年。イギリスの神学者、哲学者。旧約聖書を初めて英訳した。教会への批判と改革を主張し、真の主権に基づかない教会の形式的な権威性を否定。聖書のみを唯一の実践の基盤とした。

改正の論議が盛んに行われていますが、実は成文として紙に書かれているものとしての憲法については、みんなあまり深刻に考えないんです。しかし、ある種の事柄から外れた行為があった場合には、誰もが立腹する。つまり、目に見えないけれども確実に存在するものがあるという感覚、それがあるんじゃないかと。イスラエルもそうですよね。成文憲法はなくて帰還法だけでやっている。しかし我々がイスラエル人だ、という意識は国民のなかに強く存在しています。

それからあともう一つ。最近になって思うのですが、アメリカとヨーロッパの違いをどう捉えますか？　やはり、アメリカにはロマン主義の時代が希薄だったと思えるのです。啓蒙主義からずっと真っ直ぐに進んでいってしまったので、ちょうどヨーロッパにロマン主義がはびこっているときに、アメリカはフロンティアな快活さによって比較的前向きに進んでしまった。だから、どうも鬱屈したヨーロッパの感じがいまだにわからないと思うんです。

山内　銃砲の規制に反対する全米ライフル協会が最大の圧力政治団体の国ですから。「銃が人を殺すのではない、人が人を殺すのだ」という標語にはヨーロッパ人も目をむくでしょう（笑）。

佐藤　そうすると、今回ウクライナでヨーロッパのやっていることは、アメリカにとっては極めてひどいことなんです。要するに、ごり押しをやっている親露派の言うなりになっているという解釈ですね。国境線にしてもそうです。ヨーロッパというのは、そういう怖いところがあります。

山内　フランスのオランド大統領とドイツのメルケル首相については、完全に御指摘のとおりの読み筋だと思います。ＩＳ現象とウクライナ・ロシア紛争、この二つを天秤にかけた結果、彼らが何を選んだのかということでしょうね。文明論的に見て、彼らにはロシアの脅威をひとまず解決あるいは処理してきた歴史があります。フランス革命、ナポレオン戦争以来だからなおさら自信がある。そのあとも、露仏協商[*9]がありました。それからドイツ皇帝、ホーエンツォレルン朝[*10]のヴィルヘルム1世が死ぬ間際に言った言葉にもドイツという国家の真意が表れています。彼は自分の孫で王位を継ぐヴィルヘルム2世（カイザル）だと勘違いして臨終になってビスマルク[*11]の手を握りながら、「やつら野蛮人とは仲良くしておくことだ。彼らともめなければ何事もなくこの国は安泰だ」。しかし、ドイツは2回にわたってこの教えを破っています。ヴィルヘルム2世は露・英・仏と4年以上にわたる戦争を続けました。そして独ソ不可侵条約を破ったヒトラー。これらの対露戦争はドイツに最大の悲劇を呼び込みま

＊9　露仏協商
1891〜1894年。フランスと帝政ロシアとの間に締結された政治・軍事協定。のちにイギリスが加わることで三国協商となり、ドイツ、オーストリア、イタリアの三国同盟と対立する。

＊10　ホーエンツォレルン朝
ドイツの王家。ブランデンブルク選帝侯、ドイツ皇帝を輩出した。1701年よりプロイセン王を称し、1871〜1918年の間、ドイツ帝国の帝位にあった。

＊11　ビスマルク
1815〜1898年。ドイツの政治家。プロイセン首相として軍備増強を進め、1866年のオーストリアとの戦い（普墺戦争）、1870年のフランスとの戦い（普仏戦争）に勝利する。軍制

した。敗北したドイツはどの国以上にロシアとの関係の機微を理解したはずです。対米戦争で大破局を経験した日本のアメリカ認識と同じくらいでしょう。まともなドイツの知識人や政治家なら歴史の体験からロシアと事を構えたくないと判断できるのです。

佐藤　エリック・ホブズボーム[*12]が『20世紀の歴史』（1994年）のなかで、20世紀の特徴を問われて「極端な時代」と言ったのだけれども、これはロシア革命のことを指しているのかと思ったらそうではない。要するに、二度にわたるドイツとの戦争の処理だったと。しかし、それはとりあえず、91年のソ連崩壊のかたちで終わったのだという解釈でした。

山内　ただ、その発想や感覚は、きっとアメリカ人には無理でしょうね。

佐藤　そうですね。これはたとえ話ですが、いま我々はこの場でミュンヘンの高級ビアレストランに行くとします。そこでシュニッツェル（カツレツ）をとることにした。その店のオーナーはもちろんドイツ人です。ウェイトレスは、たぶんチェコ人かハンガリー人。注文したシュニッツェルの豚肉はハンガリーから来るんです。それでハンガリーに行くと、ハンガリーの豚小屋ではウクライナ人の労働者が働いていて、そこで飼われている豚が食べている飼料はウク

改革を主張した「鉄（武器）と（兵士の）血によってのみ解決される」の演説から「鉄血宰相」と言われた。1890年、皇帝ヴィルヘルム2世と衝突して辞任。

＊12　エリック・ホブズボーム
1917〜2012年。イギリスの歴史家。『市民革命と産業革命　二重革命の時代』『資本の時代1848—1875』『帝国の時代1875—1914』『20世紀の歴史　極端な時代』で提唱した「長い19世紀」（フランス革命から第1次世界大戦）、「短い20世紀」（第1次世界大戦から冷戦終結）という時代区分などで近現代史研究に大きな影響を及ぼした。

ライナ産だった。となると、カイザルが力によって実現しようとした、それからヒトラーが人種理論によって実現しようとした文化創造民族・文化維持民族・使役される立場、この3段階がこのレストランにて具現化されているというわけです。これも実際は、ユーロという名前の拡大マルクの力によって実現しているわけであり、ドイツとしてはいまのままでまったく困っていない、だから、何もあえてウクライナと喧嘩をしないでいい。その辺のドイツの非情な冷たさというか。

山内　そうですね。いまのギリシア問題でも見え隠れしています。

佐藤　それはつまり、ドイツが頭をもたげてきたということだと思うんです。

なぜギリシアはヨーロッパ人のロマンをかきたてるか

佐藤　山内先生がおっしゃるとおり、ヨーロッパの問題は、実はギリシアが鍵を握っている。不正常なあの国が、なぜ外国に依存しながらでも存立していくことができるのか。これは建国の時点からそうなんです。ギリシア独立戦争[*13]でロシアとイギリスとフランスが一緒になって、ヨーロッパも束になって間違っ

＊13　ギリシア独立戦争
1821〜1829年。オスマン帝国による支配から解放するためにギリシアが行った戦争。西欧諸国の間でもギリシア文明を西欧文明の原点と捉え、独立運動支援が活発化した。ギリシアの独立は1830年のロンドン会議で国際的に承認された。

た歴史をつくってしまった。ある意味、西側の利益のために造った人工国家ですから。

山内　ギリシアの初代国王オットー・フォン・ヴィッテルスバッハも、もともとバイエルン（バヴァリア）から送り込まれた人物。ギリシア語ではオソンというんですけれども。それにしても、今回のギリシアの政治家と国民はひどい。急進左派連合のツィプラス首相は6月いっぱいでIMF向け債務16億ユーロ（約2200億円）も支払いませんでしたね。「銀行が窒息状態にあるのにどうやって支払えと言うのか」と、デフォルトになっても他人事なのが凄い。どうも、「グリーク・キャラクター」（ギリシア人気質）とでもいう他ない特異体質があるらしい。

そもそも、オスマン帝国から独立したときから破綻国家だったのです。19世紀からいつも英仏にすがって救済を受けてきたから、ツィプラス首相やバルファキス財務相は、今回もその伝で切り抜けられると踏んでいたのでしょう。このあざとい瀬戸際政策や権謀術策も伝統のお家芸です（笑）。チキンゲームか、ロシアン・ルーレットか、というくらいの危険な賭けも、極左のイデオロギー過剰なポピュリストの本質を見抜けなかったEU首脳にも責任がありますね。

ギリシア首相を務めていたツィプラス氏の開き直りのごとき言説。
ギリシアという国家は、まさにアナーキー民主主義だ。

ツィプラス首相はチェ・ゲバラ[*14]の崇拝者ですからね。しかし、もっと凄いのは、国民が給料や年金の削減に賛成せずEU残留の果実をちゃっかり得ることを、民主主義の発現として正当化するあたりですね。

佐藤　ギリシアは国民国家では全くないということですね。

山内　そのとおり。オットーの後継となったゲオルギオス1世はデンマークの王室から入った王子でした。ちなみに、イギリスのエリザベス女王2世の夫エディンバラ公は、この国王の四男の長子ですので、デンマーク王室とギリシア王室につながる人なのです。ギリシア独立後の歴史は、外から来た王への反感、軍隊に代わる山賊なみの武装集団の横暴などで伝説化しているアナーキーの歴史です。政治は常に土着のギリシアの人間たちと、外から来た王室との対立でいくわけですから、国としての一体感ができず常に政情が不安定になってしまう。アナーキーと民主主義は紙一重なのですね。ギリシアの政治構造は、「民主主義アナーキー」とでも言うほかないと私は思っています。

農地改革をしようにも、大土地所有者の抵抗が激しく、今の脱税構造や富者優遇の構図がつくられてしまう。1862年の時点でも国土の35パーセントが国有地であり、農民20万人の土地は16パーセントに過ぎません。農民はほとん

＊14　チェ・ゲバラ　1928〜1967年。アルゼンチン出身の革命家、政治家、医師。1959年のキューバ革命を成功に導いた。医学生時代にラテンアメリカを放浪。54年に再びメキシコへ渡り、亡命中のフィデル・カストロに出会い、キューバ革命に参画。65年にキューバを離れ、コンゴでの革命を試みるも失敗。ボリビアでのゲリラ活動中に同軍に捕捉され射殺。

どが小作農ですし、十分の一税の他に地主に収穫物の30パーセントを納入したらしい。税金を払うのは、ごく一部の貧しい農民であり、脱税の横行もいまと変わりません。今回デフォルトしたギリシアは、ジンバブエ、ソマリア、スーダンと同じ財政破綻国家になったのです。

　国家的アナーキーでいちばん象徴的なのは、第1次世界大戦中に連合国として参戦するかどうかを決定するときのことです。片や連合国派のクレタ人エレフテリオス・ヴェニゼロス首相と、片やコンスタンティノス1世というドイツとの縁につながる王室との対立です。カイザルの友であり血がつながっている国王はドイツ側（同盟国）に同情的で不戦を選びました。途中でヴェニゼロスのクーデターでギリシアは連合国に返り忠をするのですが、この分裂状況が結局、戦争が終わったあとも続きます。トルコのエーゲ海地域、むかしのイオニアに軍事遠征して大ギリシアを建設する夢を見ます。この幻想は、ヴェニゼロスとイギリスのロイド＝ジョージ首相の合作ですが、前者が選挙で倒れてコンスタンティノスが復辟《ふくへき》するとロイド・ジョージとギリシア新政権との関係がぎくしゃくします。結局、イオニアの幻想は失敗に終わります。その後、イオアニス・メタクサス[*15]というファシスト型の独裁者が現れて民主主義とはいちばん

＊15　イオアニス・メタクサス
1871〜1941年。ギリシアの軍人、政治家。1936〜41年までギリシア首相。国内統制強化を標榜し、ファシズムの手法をまねた独裁政治を展開。第2次世界大戦の際、勢力拡大を狙ったムッソリーニ率いるイタリアと戦うが、イギリス軍らの支援によって戦線を押し戻すが、戦争の最中に病死。

縁の遠い国になってしまう。第2次世界大戦後も、スターリン率いるソ連とチャーチルの指導する英国の東西冷戦の最前線になったのですが、これがある意味で幸いした。軍事と経済の援助を西側から引き出せたからね。しかし、これで味をしめたのがギリシアの「民主主義アナーキー」を永続化させることになりました。

佐藤　しかも第2次世界大戦中だって統一戦線はほとんどできないところですからね。

山内　ギリシアはスターリンが唯一、衛星国にできなかった東欧の国家ですね。

佐藤　それは正しい判断だったのかもしれませんね（笑）。ギリシアが入れば東側陣営の崩壊は早かったでしょう。そしておそらく、ギリシア革命を支持するというかたちで、ギリシアとアルバニアとユーゴスラビアで、西側に世界革命をやろうとしたと思いますよ。

山内　バルカン・フェデレーション（連合）ができて。

佐藤　そう。バルカン共和国のようなものをつくって、しかもその目的というのが、もうソ連は「この辺でいいじゃないか」と引きはじめているときに、逆に「この勢いだ」というかたちで西側に革命の輸出をしようとした可能性は十分あるでしょうね。

山内　19世紀独立当初の税制は、オスマン帝国時代よりもひどい重税だったので、苛斂誅求《かれんちゅうきゅう》に音をあげた農民がトルコ領へ逃散するという笑えない事件が起きるのです。ギリシアの面白さは、独立のときから他国に依存するのを当然と考えてきた体質ですね。独立後の税収入のほとんどが現物納付にすぎず脱税も普通だったので、英仏の援助が必要だったのはいまと変わらない。しかも、英仏から60億フランの借款を得ても、傭兵の多い軍の予算や負債の利息や元本の償却に消えてしまったのは、公務員の冗員や分不相応の給料と年金の支払いでＥＵやＩＭＦの援助がブラックホールに消えるのに似ています。古典古代のギリシア史や文化を引き合いに出して、タカリやゴネを正当化する権謀術策だけは凄かった。その逆ギレ感覚だけは継承されています。「自由」とか「民主主義」の祖国と自賛して、相場感以上の生活をして負債の償還には応じませんから、独仏も納税者の手前たまらなかったでしょうね。バルト三国の最低賃金はギリシアの半分だといわれています。ギリシアのツィプラス首相らの言説も開き直りと傲岸《ごうがん》不遜《ふそん》さで評判がよくない。とても借金して恐れ入っている風情もありませんからね（笑）。ギリシア人はいつも太陽を浴びて気楽に遊んで、仕事をしようがしまいがお構いなし、気ままに文句ばかりつけているというイメージがEU国民の相場感なのでしょう。私はEU国民でもなく、歴史学者や社会科学者なのに、何故か現代ギリシアのことになるとすぐに不快感がこみあげてきます（笑）。つましく働いている86歳の或るラトヴィア人警備員のコメントが正鵠《せいこく》を射ていますね。「ギリシア人は身の丈以上の暮らしをしてきました。申し分ない生活を送ってきたのだから、ベルトを締めるときはきついはずです」。

佐藤　ギリシアはあまりにいびつな国家です。

山内　歴史に戻れば、オスマン帝国からいろいろな国がバルカン半島で分離独立し、アラブも独立していきました。しかし、オスマン帝国から独立した国のなかで、いちばん最低の国がギリシアのような気がします。武士は食わねど高楊枝とか、霞《かすみ》を食っても清廉に生きるとか、といった気概にいちばん遠い国のような気がするなあ。民主主義のいちばん悪い面をそのまま露呈した国ですね。

佐藤　あとはグレートゲーム（中央アジア、イランをめぐる英露の闘い）の適用から外れたことが大きいですね。他では対立していたんだけれども、オスマン帝国の解体についてはイギリスとロシアが提携したので。

山内　最終的にはですね。イギリスは途中まではまさにオスマン帝国のインテグリティ（一体性）を主張していたわけだけれど。解体の容認はドイツとの接近から始まった。

佐藤　詩人のジョージ・ゴードン・バイロン[*16]なんかも、ギリシア独立戦争に従軍し、現地（メソロンギ）で病死しました。

山内　画家のウジェーヌ・ドラクロワ[*17]もギリシア独立に共感する作品を描いています。ありようは、バイロンも盗賊同然の蜂起勢力やその内紛に嫌気がさしたことです。

佐藤　ギリシアというのはヨーロッパ人のロマンをかきたてたんです。さらにスターリンとチャーチルの取引においても、スターリンにとってはギリシアが捨て駒だったんですよ。

山内　でもチャーチルは破綻国家になることがわかりきっているギリシアを捨てられなかった。冷戦期とはいえ、それがヨーロッパの個性であり限界でもありますね。いまの独仏も同じになるとギリシアのツィプラス首相は嘗《な》めきっている。

佐藤　でもあそこでギリシアを捨てなかったがゆえに、常に共産党の力は非合

＊16　ジョージ・ゴードン・バイロン
1788～1824年。イギリスの詩人。私財を投じてギリシアの独立運動に資金援助をした。著書に『チャイルド・ハロルド』『マンフレッド』『ドン・ジュアン』他。

＊17　ウジェーヌ・ドラクロワ
1798～1863年。19世紀のロマン主義を代表する画家。主な作品に『ダンテの小舟』『キオス島の虐殺』『民衆を導く自由の女神』他。

法化しています。それだから産業労働者を作れないんです。２次産業で巨大工場を造ったら、工場労働者による労働運動が起き、共産党の影響が拡大してしまいますから。そうしたら必然的に農業という１次産業と小売等の３次産業になっていく。

山内　それはそうです。

佐藤　だからそういうことを考えると、あのあたりはすごく面白いと思うんですよね。それから、テロリストの供給地みたいになっているアルバニア。

山内　ええ、ハイジャックの語源だったハイドットやゼイベクといった山賊もしくは匪賊が活動していたところですからね、マケドニア、アルバニアは……。それだけではありません。

佐藤　あるいは――。

山内　モンテネグロ、正しくはツルナ・ゴーラこと「黒い山」という国名からして興味をそそりますね。

佐藤　モンテネグロもそうだし、それからコソボも。

EU離脱でギリシアがISの拠点になる

山内　トルコとギリシアを比べると、対外債務や外貨準備高はトルコのほうがそれぞれおよそ10分の1、10倍ほどの実力があります。トルコ人には口数少なく黙々と働くところがあり、ギリシア人が口だけを動かしている間に体を動かしていた差がここにきてはっきり出たというべきでしょう。いまやトルコはG20の一員になり、ギリシアはジンバブエ並みの破綻国家ですから。

佐藤　その特殊性は、ギリシアにすれば「援助をもらってやっているんだ」というスタンスになっていることが不思議です。

山内　ギリシアが崖から落ちていいのか、と言わんばかりですからね。

佐藤　そうです。ギリシアはEUに加盟しました。おかげでギリシアの街を走るバスや一般のクルマでも、かつてのようなおんぼろ車を見る機会はぐっと減った。そして給与も上がったようです。そういう意味では、この国は最初につくられたときからモラルハザードを起こしているんです。

山内　彼らのモラルハザードに日本人が腹を立てるいわれもありませんが、そのアナーキー民主主義には呆れてしまいますね。それでいて言語や血筋で断絶しているという説が強いのに、プラトンやソクラテスやアリストテレスの古典古代を何でも現代ギリシアに直結させてしまう建国神話とナショナリズムに、独仏もはまってしまうところがある。

佐藤　これからは特に黒海のギリシア人の重要性が出てきますね。

山内　黒海に面したポントスとか、カフカースのギリシア人ですね。でも、ポントスにはギリシア人はもう誰も住んでいないのです。[*18]1920年代のアタテュルクとヴェニゼロスの住民交換協定で「トルコ語を話すギリシア正教徒」はギリシアに移され、「ギリシア語を話すイスラーム教徒」はトルコに移住しましたから。かれらは、それぞれギリシア人とトルコ人として移住先で同化していくことになります。いまのツィプラス首相は祖父のときにトルコのマルマラ海に近い町からギリシアに移された家系です。

現代のギリシア語と古典ギリシア語やコイネー（1世紀頃の新約聖書で用いられているギリシア語）は文字こそ共通してはいるけれども、発音からアクセント記号の何から何まで違っているわけでしょう。

佐藤　でも飯の食い方はよく知っているわけです。しかも、東西冷戦が起きる

＊18　1920年代のアタテュルクとヴェニゼロスの住民交換協定　1923年、ギリシアとトルコの間で調印。ギリシア代表が元首相のヴェニゼロス、トルコ側が元オスマン帝国の将軍アタテュルクだった。トルコとギリシアの国境が画定され、イスラーム教徒は原則としてトルコ領に、キリスト教徒はギリシア領内に住むことが定められた。

ドイツのメルケル首相とフランスのオランド大統領。破綻国家ギリシアをＥＵは結局、見放すことはできなかった。

までは可視化しなかったわけですよ。ギリシアはその後、NATOの一員となって、最前線で共産主義と対峙している。

山内　それでも、トルコ人とは全く違いますね。トルコ人は国家運営自体もよくやったと思います。財政赤字だって問題視すべき情況ではない。

佐藤　しかもギリシアには――日本も若干そうですけれども、借金を返すという発想がないですからね。

山内　日本もついにそこまで来ましたか（笑）。

佐藤　100兆円近くのいまの予算の組み方を見ると、あまりまじめに返すという感じは……。

山内　このままだとアナーキー民主主義になってしまう。それでも消費税を上げないと言っている。

佐藤　そう。

山内　ギリシアの赤字はとにかく半端じゃないですよ。日本のGDP比などと比べた場合、日本の場合はまだ理屈がわからなくはないけれども。

佐藤　ギリシアの公的債務残高はGDP比135%ですね。

山内　とてもギリシアレベルの債務国が新たに借金できた義理ではないのです

が。それで今回さらに驚かされたのは、ロシア訪問でプーチンと抱き合いでEUに圧力をかけたあざとさに加え、第2次世界大戦中のドイツ占領について賠償請求をした駆け引きのしぶとさです。1944年のナチスによるディストモ[*19]の虐殺について、ドイツは戦後1億1500万マルクを支払って解決済みとしています。しかしツィプラスは、戦争犯罪の賠償はまだ残っていると考えており、ドイツに被害者の遺族へ2800万ユーロを支払うべきとする判決も出ています。ツィプラスはこの賠償をドイツに要求する考えを示しましたが、ドイツは決着済みだとして取り合っていません。またツィプラスは、戦時中に略奪された財産や遺産の相当分2790億ユーロの賠償も請求しているわけです。どこか韓国の対日請求の論理や衝動と似ているのが興味深いのです。いずれにせよ、メルケル首相の態度が今回厳しいのは、極左のツィプラスを小面憎く思っているからでしょう。東ドイツの自由ドイツ青年団[*20]に属していた彼女は、日本では民青がトロツキストを見るような視線でツィプラスを見ているのかもしれません。

佐藤　ドイツも腰を抜かしたでしょうね。

山内　日本に向けた韓国の各種賠償請求よりもっとたちが悪いんじゃないか。

＊19　ディストモの虐殺
1944年、ギリシア中部のディストモで起こったナチス・ドイツの警察部隊が住民218人を殺害した事件。

＊20　自由ドイツ青年団
旧東ドイツの与党であったドイツ社会主義統一党の下部組織。対象は14～25歳の男女。マルクス・レーニン主義、共産主義的行動の促進を目指す、青少年教化を狙いとした。

佐藤　それもひどい話ですよ。しかし、ヨーロッパとしてはどうしようもないわけです。ギリシアを手放すわけにいかない。仮にもしギリシアがEUから切り離されるシナリオを考えた場合、ドラクマ（ギリシアの通貨単位）が復活します。とはいえ復活しようとも、ギリシア産品で何か輸出できるものがあると思いますか？

山内　何がある？　まともな工業製品はないでしょう。

佐藤　ワインと松脂《まつやに》と──。

山内　オリーブ？　ナフサやタバコも。あとは大理石か？

佐藤　オリーブと、あとノンブランドのバッグとか財布とかの革製品。それほど高いニーズがあるとは思えません。今後、治安が悪くなるでしょうから、いくらドラクマが安くなっても好きこのんで観光に行く人は減る一方になると思います。観光立国であるのにもかかわらず客がいなくなったエーゲ海の小さい島にやってくるのは、それこそＩＳとかアルカイダ系になってくる。そうなれば過激派集団の拠点もたくさんつくられることになると思います。エーゲ海がイスラームの海になってしまう場合もあり得るでしょう。仮に私がギリシア外務省の人間だったとしたら、「ギリシアをＥＵから出して、ＩＳなんぞ過激派組織の拠点になってしまってもいいのか」と、それを梃子《てこ》にして外交交渉をしますね。だから、ギリシアを放棄することは非常に恐ろしいことです。

山内　それは恐ろしいシナリオですね。多島海の隅々に監視の目が届きそうもないですからね。中国ならばギリシアの不動産を買うでしょう。おそらく中国は財政金融支援をすると思います。それでヨーロッパのなかに、中国はきっと橋頭堡《きょうとうほ》のようにくさびを打ち込むのではないかと。手始めはすでに進出したピレウス港あたりを完全に我が物にするのでしょうか。

佐藤　あるいはロシアが来るかもしれませんね。

山内　ロシアは一時期、キプロスにも進出していたと思いますが、いまは不動産投資などから手を引いたでしょう?

佐藤　やはり怖いですからね。

山内　ロシアも怖がるギリシア(笑)。

佐藤　ギリシアは怖いですよ。しかし、ロシアには一応こういう言葉があるんですよ。「精神的、宗教的に近い民族」という。

山内　精神的に近い正教文化圏、そうですね。

佐藤　しかし、キプロスあたりで不動産を買っているロシア人というと、決して筋の良い連中ではない。

山内　マフィア崩れのような感じでしょうか。

佐藤　そう思います。2015年2月に暗殺されたロシアの野党指導者ネムツォフ[*21]だって、チェチェン出身の元警官らが容疑者として捕まっているけれども、09年のネムツォフの年収は政治資金を含んで8億円超ですからね。ロシアの政治家で、しかも政治家の収入＝献金だけでこれほどのお金が集まるというのは、これは裏で相当のことをやっているとみていいでしょう。

山内　そのお金はどこから入ってくるのかということです。イエメンのアリー・アブドラ・サレハ大統領は、7兆円を蓄財したといいます。カダフィーの蓄財15兆円は、産油国だからわかるとして、イエメンのような貧しい国で7兆円は凄い。国家破産したギリシアの政治家も後になってみれば、兆単位はともかく億単位の不正蓄財をしていたとなればますます「アナーキー民主主義」のいかがわしさが暴露される……。

佐藤　国民から徹底的に収奪しているのでしょう。穿《うが》ってみれば、麻薬とか何かよからぬものに手を出しているとしか思えない。

山内　麻薬の密輸出入ということですか？

＊21　ネムツォフ　1959〜2015年。ロシアの政治家。エリツィン時代の元第1副首相を務め、当時の日露首脳による「クラスノヤルスク会談」に同席。プーチン政権に移行してからは野党指導者としてプーチン批判を展開していたが、15年2月、クレムリン付近の路上で暗殺された。

佐藤　様々な物品の輸出入のところで通行税諸々を取っているのでしょう。南のほうでは、イエメンのアデン港に匹敵する規模の港はないですね。

山内　サラーラという大きな港湾都市はオマーンにありますがね。

佐藤　オマーンでは悪いことはあまりできないでしょう。

山内　オマーン人は悪いことをしません（笑）。

佐藤　監視も行き届いていますし、ちゃんと国家の行政秩序が成り立っている。イギリスの影響が強いのでしょう。イエメンであれば、確かに何でもできる気がしますね。対岸を越えた世界とのつながりがある。

山内　まさに密輸は、アフリカとの輸出入も絡んでくる。

佐藤　アルコール製品の密輸も、飲酒が禁止されているアラブ圏であれば結構いいビジネスになります。

山内　しかも、それがイエメンからすぐ陸上ルートでサウジアラビアへ入っていくのであれば、サウジ国内ですぐにはけるでしょう。

ＩＳのコミンテルン化を防げるのか

佐藤　ギリシアの件も含め、これまで国民国家できれいにまとまっていたはずの国連システムが機能不全を起こし、プレモダン的な帝国に一見返っているようにも見えるのですが、その実、何か新しいものが生まれているのかもしれません。ただそうなると怖くなるのは、例えばＩＳがコミンテルンのようになって革命の輸出をするという可能性。ＩＳが拠点国家として何となく周辺国と安定的な関係を持ってしまうと、逆に本当に面倒くさい事態になると思うんです。

山内　国際イスラーム革命と称したテロの輸出拡大を始める最悪のケースの前に、最低でもＩＳを一国イスラーム主義に押し込めていく封じ込め（コンテインメント）ができるか否かということですね。

佐藤　あえて言うと、ＩＳ内部に存在して欲しいのは、要するにスターリン的人物なんです。

山内　一国社会主義論に相当するイスラーム版イデオロギーをつくれるリーダーが現れるかどうか。これはなかなかにむずかしいかもしれません。ソ連共産党におけるレーニンの後継をレフ・トロツキー[*22]とスターリンが争った際に、スターリンは永続革命論による国際革命の世界性を主張するトロツキーを否定して、一国社会主義論によるソ連邦建設を優先しました。レーニンからスターリンに継承される権力闘争はとりあえず外の世界から距離を置いて眺める、組織内部で衝突し合っても当分関知しないけれども、暴力革命を国際的に輸出することだけはやめてくれ、ということですね。ＩＳの指導層の粛清も内部でやりたければやればよい。いわば、自分の選択で職業革命家の道に入った連中ですから自分で責任を取る点が、一般活動家やシンパとは違うのです。しかし国際社会は、テロを暴力革命として国際イスラーム革命の様態で外に輸出されてはかなわないわけです。ですから、何とか一国イスラーム主義で、一国社会主義のように自己完結してもらうなかで、その消滅を待つか、能動的に絶滅を図るか、そうした時間をいま国際社会は欲しいということです。

佐藤　だから、コミンテルンというのはあながちそんなに間違えていない。ソ連も革命の輸出という拠点国家になってはいたものの、ＩＳとの最大の違いは「生産の哲学」がソ連にはあったということだと思うんです。

山内　そうですね。ソ連政府とソ連共産党があってコミンテルンもあった。コ

＊22　レフ・トロツキー　１８７９〜１９４０年。ロシアの革命家。第４インターナショナルの創設者。10代の頃から革命運動に従事し、１９０５年の革命では指導的役割を務める。17年の革命においてはレーニンと協力し十月革命を指揮。レーニンの政治離脱後、スターリン派から弾圧を受け、29年に国外追放。スターリンの刺客によって暗殺。

ミンテルン自体、初期にはそれなりに実体的な機能を一応果たしたようなときもあります。1920年のバクーの東方諸民族大会や22年の極東諸民族大会はコミンテルンの主催した面白い試みでした。ISの場合は、いわばイスラーム党とイスラーム・インターナショナル[*23]が一体化しています。これを一国化させるには、相当の打撃をISが受けないと無理ではないかと思います。一国社会主義現象がはっきり出てくるのは革命から相当あとでしょう?

佐藤　少なくともソ連邦ができたあとですね。

山内　仮に一国イスラーム主義として事実上ISが閉塞していくとすれば、タテマエとしてのイスラーム・インターナショナル的な要素が従属的な道具として必要になるかもしれません。

佐藤　どこかレーニン期、スターリン以前の国際労働者組織「第3インター[*24]」(コミンテルン)のような感じですね。非常に不安定で国際法も認めない、過渡的国際法みたいな感じで限定的にしか認めない。

山内　ソ連邦時代の外務人民委員部(外務省)とコミンテルンとの関係は、相互依存的な面と相互補完的な面がありましたね。

佐藤　明らかにありましたね。

＊23　イスラーム・インターナショナル　イスラーム社会主義。平等の原則と富の分配についてムハンマドの教えに合致するという考え方から、宗教的共同体を基軸とする社会主義は成立すると主張する。

＊24　第3インター　1919年、レーニンが指導するロシア共産党を中心に、各国の共産主義者らによって創設された組織。急進的な世界革命を目指したが、ソ連共産党の政策転換のため、43年に解散。

＊25　ジノヴィエフ　1883〜1936年。ソ連の政治家。1901年にロシア社会民主労働党に入り、ボルシェヴィキに所属。07年に中央委員になって以後、レーニンの側近として革命を指導。19年にコミンテルン

山内　だから、ソ連の理性的な外交筋からすれば、外国人が関与・指導するコミンテルンは時に目障りな存在だった。

佐藤　意外と注目されていないのですが、コミンテルンの公用語はドイツ語でした。だから、内部でのコミュニケーションもドイツ語でした。

山内　そうですね。コミンテルン初代議長がユダヤ系ロシア人のジノヴィエフ。[*25] あとはクン・ベラ[*26]がハンガリーからの亡命者で、書記長を務めたゲオルギ・ディミトロフ[*27]がブルガリア人。カール・ラデック[*28]も元はポーランド系ユダヤ人だったでしょうか。

佐藤　マルクス主義者の片山潜[*29]は、かつてソ連に渡り、常任執行委員会幹部になりました。ISに渡って幹部になる日本人が出てくるかもしれない。小心で無責任な人だと、そういう決断をするんじゃないですか。戦前の共産党でも片山潜は、小心で無責任な人だったようですから。

議長に就任。その後、スターリンの体制を批判し除名、大粛清で処刑。

＊26　クン・ベラ
1886〜1939年。ハンガリーの革命家。第1次世界大戦後、ロシアでの捕虜生活を経て帰国。ハンガリー共産党を結成し、革命統治評議会政府を樹立。同政府崩壊後は亡命し、ソ連などで活動。スターリンの大粛清によって死去。

＊27　ゲオルギ・ディミトロフ
1882〜1949年。ブルガリアの革命家。1923年に反ファシズムを掲げて労働者の蜂起を促したが失敗、ソ連に亡命する。第2次世界大戦勃発後はブルガリアの祖国戦線結成を提唱。45年に帰国し、翌年に首相に就任。

＊28　カール・ラデック
1885～1939年。ソ連の政治家、評論家。ポーランド社会民主党から ドイツ社会民主党左派を経て、ボリシェヴィキに加わる。1937年、モスクワ裁判でスターリンに対する反乱分子とされ強制収容所に入れられた。

＊29　片山潜
1859～1933年。労働運動の先駆者。米国留学後、労働組合結成を指導。日露戦争中に反戦を主張し、のちにソ連に渡ってコミンテルン執行委員となる。モスクワで死去。

第五章 中国の理屈なき海外膨張と中東への野望

中国に中東進出の理屈はいらない

山内　中国という国はどう捉えたらよいのでしょうか。これは隣接する日本はもとより、実はロシアにとってもかなり厄介な国なのです。これまで中国はロシアと同じように、地政学的にいうとまさにランドパワー（大陸国家）という側面が文句なく強かったわけです。

しかし、ロシアと中国の大きな違いは、北極海を除くとロシアが本当に暖かい海と不凍港にアクセスすることが困難あるいは不可能なのに比べて、中国は太平洋にそのまま出られる優位性を持っています。しかも、東シナ海から南シナ海を経由してインド洋をうかがう海上ルートも扼《やく》するというのは、ロシアとの決定的な違いです。冷戦期のロシアは、ベトナムのカムラン湾やイエメンのソコトラ島あたりに点として存在していただけですからね。いまの中国は、アジア太平洋国家としてロシアがいまひとつ存在感を発揮していないのと違い、シーパワー（海洋国家）として強く自己主張しようとしています。ただし、これはいろいろな点で、中国の弱い面もさらけ出しているのですけれども。

中国は、太平洋岸に上海や香港、それに大連や青島をはじめとする天然の良港を持っており、長い海岸線が安全保障の恵みを受けている限り、平和な通商国家として発展する余地を残しています。ところが、いまの中国は覇権国家として海上でも膨張戦略をとっているために、東シナ海と南シナ海で隣接国家と摩擦を絶え間なく起こしているのです。今度、中国主導のアジアインフラ投資銀行（AIIB）[＊1]の協定にフィリピンが調印しなかったのも、南シナ海スプラトリー（南沙）諸島の岩礁埋め立てを牽制するためでしょう。

他方、ロシア領のシベリアは、かつてと比べてこの点では優位であるのだけれども、シベリアと、東北三省と呼ばれる黒龍江《こくりゅうこう》省、吉林《きつりん》省、遼寧《りょうねい》省などと比べると、おそろしく人口密度が少ない。この点が帝政時代から見てもロシアのハンディキャップになっています。

もし、ユーラシアとアフリカを合わせた大陸と、南北のアメリカを合わせた大陸で地球を二つに分けたとします。アメリカ大陸代表はむろんアメリカ合衆国になりますが、前者の代表となるとポスト冷戦から21世紀にかけては明らかに中国となります。しかも、中国はランドパワーとシーパワーを結合させつつある点で、これまでソ連を除いて正面から挑戦されたことのないアメリカの国

＊1　アジアインフラ投資銀行（AIIB）　中国が2015年の設立を目指す国際金融機関。アジアの発展途上国へ融資し、インフラ整備をすることが狙い。中国が主導で、韓国、ASEAN、イギリスが参加を表明、ドイツ、フランス、イタリアも参加の方針。日本とアメリカは、日米が主導するアジア開発銀行（ADB）と業務内容が重複することと、中国主導であることを懸念している。

際的なヘゲモニーにも挑んでいるのです。

ただ、中国には陸でも海でもアキレス腱があり、その統治事情は盤石とはいえないのです。例えば陸で見れば、極めて厄介なのは、西の新疆《しんきょう》ウイグル自治区を十二分に管理できているとはいえないことです。しかし、管理とは何も和を以《もっ》て貴しとなすという原理でなくてよいのです。力で無理やり異論や異民族を抑えつけることでもよいのです。現在の中国が東シナ海や南シナ海で強気に陽動あるいは策動を繰り広げられるのは、ロシアや中央アジアに隣接する新疆ウイグルやチベットなど内陸部において、なりふり構わずウイグル人やチベット人といった歴史と文明を持つ民族を抑え込んでいる事実と無縁ではありません。

中国の国民統合や領土膨張で何よりも特異なのは、抑圧や圧迫に格別の理屈を必要としないことです。人権の尊重や表現の自由といった価値観を無視することに慣れるか、てらいもなくナショナリズムや宗教信仰につながる世界観をつぼみになる前でさえ容赦なく摘み取るか、どちらも中国にはわけもないことです。普通は、覇権国家やグローバル・パワーとして世界や周辺に出ていこうとすれば、多少なりとも理屈付けが必要となります。アメリカもかつてなら西部開拓を正当化するために掲げた「マニフェスト・デスティニー」[*2]があり、いまなら民主化の理念を中東あたりに押し付けたりします。ところが中国はもはやタテマエのうえでさえ理屈を掲げるのを止めたかに見えます。中国共産党による五族共和と中華民族の創出による民族問題の解決といった幻想を信じる学者や知識人は、まともならいるはずもない。根本的には、国家の正当化を語る必要性を感じていないか、都合悪くなれば、歴史認識や靖国神社参拝の問題を意図的に仕立てながら内なる不満を日本に向かわせるか、外国の注意や非難を日本に逸らせばよいという戦略なのでしょう。この戦略にいちばんたやすく乗せられているのが韓国ですね。ロシアは、シベリアや沿海地方への脅威を理解しているからそれほど単純に中国のはかりごとには乗らない。

本当に中華帝国の歴史でもいまの中華人民共和国は、特異な国だと思います。中国共産党というマルクス主義を曲りなりにも存立の根拠にしている集団がマックス・ウェーバーの警告した「カジノ資本主義」[*3]以上の腐敗と特権を享受する資本家や投資家の集まりになっているのですから。似た事例では、「法学者の統治」理論をふりかざすイランの宗教者の利権構造や権益メカニズムですが、シーア派イランにはまだ大統領や国会議員を有権者が選出する疑似民主主義が

＊2　マニフェスト・デスティニー
神の意思による当然の結末、明白な運命の意。もともとはアメリカの西部開発を正当化するための標語として使われていた。

＊3　カジノ資本主義
金融取引の活発化と量的な拡大、さらにマネーゲームの激化によって、まるでギャンブルのように実体経済と乖離したところで金融活動が行われている状況を指す。

消えていません。政権も交代するのです。中国共産党は、その特権構造をいかに永続化させるかにもっぱら関心があるのです。揚子江で何百人死のうが、高速鉄道で犠牲者が出ようが、情報を正しく開示することはありません。プーチンの情報隠匿体質ともまた違う気がします。この両者を比較すれば大変面白いと考えています。

佐藤　胡錦濤[*4]時代に行動指針となった、持続的発展を目指す「科学的発展観」なんていうのは、本当に単純な社会ダーウィニズムですよね。

山内　そう思います。

佐藤　そうすると、「理由はない。成長していくのが本能だ」ということになってしまいます。あるいはいままで帝国主義諸国によって圧迫されて収縮していたが、これからは膨張の時代に入ったというような単純な発展史観になってしまいます。

山内　20世紀においては日本、19〜20世紀においてはイギリス、フランスを中心とする西洋帝国主義によって支配され植民地化されたことに対する怨恨と報復の意識は、革命国家の時代でもあればともかく、世界市場と国際金融の受益国としてＡＩＩＢの主唱者となる現在、その被害者意識から脱却しないと本当

＊4　胡錦濤
1942年生まれ。中国の政治家。64年に中国共産党入党。2002年に党総書記に就任。03年に国家主席。後任は習近平。

の大国としては成熟しませんね。

15世紀に南海遠征艦隊を率いた明代の武将・鄭和[*5]は、ムスリム出身の宦官《かんがん》だったのですね。鄭和はホルムズやアデンまでしか行っていないようですが、その支隊はメッカなどアラビア半島を含めて東アフリカまで出かけています。冊封体制の再編や海禁政策による交易独占という問題意識からでしょうが、見逃せないのはマラッカ海峡からインド洋にかけての海域が当時の中国の戦略的な関心の範囲に入っていたことです。

そこで、この史実がいまの中国のどういったところに援用されるか。例えば、スーダンやイランというアラブあるいは中東圏においていえば、この地域には人権と自由と民主主義からするとかなり問題が多い独裁国家があります。ただ中国は、アフリカや中東で何がどうなっているか、それぞれの国家の統治体制がどうだとか独裁体制は倒されるべきだといった話題にはまったく興味はなく、すべてはエネルギーの問題に還元されます。石油や天然ガスなどを獲得して輸入することが狙いです。これを説明するのに中国は鄭和を引っ張り出し、自分たち中国こそがこの地域に関して開発などの関係を持つことは歴史の必然だと正当化するわけです。確かに、中国史の史料にはホルムズ海峡、アデン、ザン

＊5　鄭和
1371〜1433年。明の武将。イスラーム教徒。大船団を率いて、7回にわたり西方に遠征し、アフリカ東岸や紅海までにも到達した。

ジバルとおぼしきものが出てくる。

佐藤　マダガスカルあたりも出てきますか。

山内　そこまでは支隊や分遣隊も行っていないかもしれません。ソマリアのモガディシュには確実に出かけました。ケニアのマリンディまで出かけて麒麟《きりん》を得て永楽帝に献上したようです。ところで中国は最近、一帯一路という国際戦略を打ち出していますが、その原型は香港からポートスーダンまで延びる海上交通路戦略にありました。バングラデシュやスリランカなどインド周辺国支援を通してインドを包囲する「真珠の首飾り」[*6]戦略というものです。2014年8月の安倍首相とインドのモディ首相との会談で、外務・防衛閣僚協議（2プラス2）の設置を検討した際、海洋進出を進める中国を牽制したのは、東シナ海から南シナ海、インド洋になりふり構わずに出ている中国の海洋戦略を早くから両国は警戒していたからです。日本とアメリカ（ハワイ）、オーストラリア、インドの4カ所を菱形に結ぶ「安全保障ダイヤモンド構想」[*7]は、いまの中国の海洋進出を考えると時宜に適《かな》っているでしょう。

＊6　真珠の首飾り戦略
中国が確保・構築を目論んでいるシーレーン（海上交通路）戦略。南シナ海、マラッカ海峡、インド洋、ペルシア湾にかけてのインド洋沿岸国の港湾整備を支援するもの。

＊7　安全保障ダイヤモンド構想
海洋安全保障強化を目的として、日本とハワイ、オーストラリア、インドの4カ所をつないでできる菱形のラインによる国家間の連携。中国の「真珠の首飾り戦略」に対峙するもの。

中東、アフリカに向かう中国の植民地主義

山内　続いて、中国の人口を考えてみます。佐藤さん、シベリアにはロシア人はどれほど住んでいるのでしょう?

佐藤　いま、バイカル湖以東は620万人ぐらいだと思います。ソ連時代の終わりには670万人と言われていましたが、相当急速に減っています。

山内　それが将来的に450万人ぐらいまで減ると言われています。一方、中国のほうは東北三省だけで少なくともいま1億人ほどいるわけでしょう。人口密度で比べれば、ロシアの東シベリアの60倍以上になります。

佐藤　しかも気候状況は、東北三省とシベリアであまり違わないんですよね。それでいて、単純労働者の賃金は東北三省の4倍ぐらいシベリアのほうが高い。だから、一回流入すると、中国人は戻ってこないんです。

山内　とくにいま、シベリアの都市チタなんかそうですよね。中国人の人口移動が始まっており、次から次へ入り込んで来ます。人口が急増するなかで労働者の供給過剰が起きていて、賃金格差がずいぶんあると聞いています。

それからもう一つはモンゴル。モンゴルは人口密度がかなり低い国です。モンゴルは清朝時代に孫文が指導した辛亥革命[*8]の前後に独立を認めざるを得なかった。外蒙古が内蒙古と切り離されるかたちで、ともかく独立しました。しかし、そこには中国が必要とする石油やウランほかのエネルギー、金や貴金属資源などが埋蔵されている。独立を阻むことができていれば――と中国人のモンゴル利権に向けた貪欲《どんよく》な関心は、いまなお失われていないと思います。

佐藤　エネルギーの利権に関して、少し話が前後しますが、オバマ政権というのは外交戦略においては本当にクエスチョンマークなのですが、第1次オバマ政権においては大きな成果が二つあると思うんです。一つはミャンマーの軍事政権との国交正常化。もう一つは南スーダンの独立です。いま山内先生がおっしゃった文脈のなかで、アメリカの勢力圏下において南スーダンの独立をさせ、そこの石油利権を押さえておかないと、中国が無意識のうちに戦略のないまま拡大していってここに橋頭堡をつくってしまう。となればもう除去できなくなる。その点から考えて、南スーダンは相当無理してつくった国だと思うんです。

山内　中国は狙いをつけた国に次から次に入り込んでいきますからね。中国はプラントの建設資材から機械まで何でも輸出するだけではなく、労働者も何千、

＊8　辛亥革命
1911年に中国で起こった革命。清朝を打倒し、2000年も続いてきた専制体制を倒し、アジア初の共和国（中華民国）となる。革命派は南京に臨時政府をつくり、孫文を臨時大総統に選んだ。

何万単位でそのまま出しますからね。

佐藤　地元に雇用が落ちないんですよ。

山内　雇用確保にはなりません。それから彼らは飯場をつくり、自分たちの世界で自己完結した生活をしますから、先ほどからの話にも出ているような一種の帝国主義、植民地主義の非常に古典的な例をいまなお平気でやるわけです。

佐藤　文字どおり「植民」しているんですよね。食料だけが現地調達なんです。中華鍋と胡麻油さえあれば、それこそゾウでも炒めてそのまま酢豚みたいにして食べてしまうといいますから。

山内　私、ゾウを食べるというのは初めて聞いたけれども、あり得るね（笑）。

佐藤　要するに中国の何が強いかというと、中華鍋と油だけ持っていれば食べるものには困らないということです。日本人はそこのところが弱いんですね。やれ日本食だとか、「サビの利いたトロを食いたい」とか面倒くさいことを言う。

山内　いや、私たちもそうかもしれない（笑）。

佐藤　中国が行っているのは、現地になじむことのない、文字どおりの植民です。

山内　だから、スーダンでもジンバブエでもすでにたくさん犠牲者が出ています。中国人がいま、中東からアフリカで起こしている問題は、植民地主義の典型的な悪例だという自覚がない。アフリカ人の憎悪は、殺人事件に向かうことも多いのです。片やアフリカ、片や中国ですから、人命に対する価値観は欧米とは違います。数人、数十人死んでもあまり表に出ない。日本なら大変なことですが、中国にとってはとくに問題視すべきことではない。中国人労働者が犠牲になっても中国の戦略は微動だにしないのです。

ところで、東シナ海をめぐる係争が収まるには、地政学と戦略論で言えば、中国が内陸に抱えている問題との相関が大きいのです。新疆ウイグル自治区がこれからどうなっていくか。あそこでいまのＩＳ現象、あるいはアルカイダ現象が大きくなり、中国国内が不安定化して過激派があちこち散らばっていくのは中国政府と共産党の悪夢でしょうね。

佐藤　拡散していくことは非常に怖いですね。

ＩＳ「最後の未開拓地」、新疆ウイグル自治区

山内　アルカイダやＩＳにとって、最後に残されたテロのフロンティアは新疆ウイグル自治区ですよ。

佐藤　そう思います。狙われる場所としては、中央アジアのタジキスタン、キルギス、この2国は、事実上、破綻国家化しています。それからカザフスタンも、中国との国境地帯に関してちゃんと国境が管理できているのかというと、カザフスタンのヌルスルタン・ナザルバエフ大統領もそこまで関心がない。さらにフェルガナ盆地、そこを経てアフガニスタンにつながっていく。この辺りに中央アジアと東西トルキスタンをつなぐかたちでのＩＳができたとなると、これは本当に手が突っ込めなくなります。

山内　新疆ウイグル自治区のウイグル人の人口は、１９９７年の統計では減少していても８００万人ぐらいはまだいました。中国の人口全体からすれば１パーセントにすぎないとも言えますが、新疆ウイグル内部に限定して考えれば、漢民族は１９９７年では６６０万人でしたが、いまではもっと増えているでし

ょう。いくら入植しても、まだ依然として母国では45パーセントを占めています。ちなみに新疆ウイグル自治区の面積はテキサス州の2倍ある。

佐藤　その場合、ウイグル人の複合アイデンティティというのは、イスラームとの関係ではどうなっているんでしょうか。あそこは法学派的にはハナフィー[*9]ですか?

山内　ハナフィーですね。もちろんスンナ派ですよ。スンナ派にしてトルコ系だという意識がある。同時に中央アジア、トルキスタンという意識がある。

佐藤　トルキスタン人だという意識がある?

山内　ある。東トルキスタン共和国という独立国家をかつてつくったくらいですからね。それから彼らには独特な神秘主義[*10]（スーフィズム）の伝統もあるんです。17世紀以降、イスラーム聖者の血を引くカシュガル・ホジャ家が宗教的権威を確立し、清朝の征服と統治に反抗しました。

佐藤　そうするとワッハービズムみたいな、アルカイダのような流れがストレートに入ってくる土壌ではないと考えていいのでしょうか。

山内　そんなことはありません。スーフィー教団自身も変質してきていますから、かつてボスニアでナクシュバンディー[*11]教団も急進化し、中央アジアでもナ

＊9　ハナフィー
イスラーム4法学派の一つ。オスマン朝の保護を受け、最も有力な学派となった。スンナ派。

＊10　神秘主義（スーフィズム）
イスラームの神秘主義。行者がスーフ（羊毛）の衣をまとっていたことに起因する。

＊11　ナクシュバンディー教団
中央アジアのブハラに拠点を持つイスラーム神秘主義教団。スーフィズムの一派。

ＩＳにとって最後に残されたテロのフロンティアは新疆ウイグル自治区。ＩＳ細胞の増殖現象を生み出す可能性もある。

クシュバンディーのネットワークがあり、新疆までつながっています。そういうネットワークに侵食しながら、アルカイダやＩＳが「加入戦術」めいたかたちで浸透するというやり方を最初はとるでしょう。イスラームはもともと通商の宗教ですから、商人や取引業者に身をやつして広がっていく事例もあるわけです。

佐藤　そうすると究極的なことで、ウイグルの民族独立的なアイデンティティと、イスラーム主義のアイデンティティと、どっちのほうに振れるんでしょうか。

山内　これはまだわかりませんね。ただ、いまは前者であっても、孤立して支援や共感が外から来ると後者に振れるでしょうね。18世紀に清朝から駆逐されたカシュガル・ホジャ家[*12]の一員はコーカンド汗国[*13]（いまのウズベキスタンのフェルガナ地方）に亡命して、そこから19世紀半ばまで新疆への侵入を繰り返した歴史もあります。

佐藤　チェチェンの場合はプーチンの介入もあって、チェチェンの民族イデオロギーを強化させたことによって、当面のイスラーム化の危機は脱したわけですよね。

＊12　カシュガル・ホジャ家　イスラーム神秘主義教団の一つであるナクシュバンディー教団のマフドゥム・アゼムを始祖とする、イスラーム教指導者の血統。

＊13　コーカンド汗国　中央アジアのシルダリア上流域に、18世紀初頭にウズベク族のシャー・ルフによって建国された国家。キプチャク遊牧民の反乱やブハラ汗国の侵攻などによって弱体化し、1876年にロシアに併合。

山内　中国政府は民族的アイデンティティの強化は考えていないと思います。ただ民族や宗教の自立化を抑圧するだけということでしょう。中国にとって、民族化させて収拾していく選択肢は、新疆ウイグル自治区の高度自治化、さらには独立へとつながる道になりかねず、チベットにも同じ道筋を許すことになります。

佐藤　となると、中国政府は無意識のうちにイスラーム主義を強化してしまうことになる。

山内　では、イスラームのほうに振れたらどうなるか。ISがそうだったように目立たないようなかたちで侵食していって、むしろカザフスタンや、佐藤さんがおっしゃるように破綻国家化しているキルギスやタジキスタンをさらにアナーキー化してそこに中国を意識した拠点をつくる。ISはもともとイラクから出てシリアに行き、そこで伸びた結果、またシリアに来たといういきさつもあります。その構図を中央アジアの旧ソ連国内でつくる可能性はまったく排除されません。これが中国、ウイグルのほうに向かい、ISの支部や細胞の増殖現象を生み出す方向に行く可能性もあります。中国にとって民族主義者による分離の扇動とイスラーム急進派の勢力拡大のどちらが短期的に危機かといったら、まずは前者でしょうね。

佐藤　そうすると結果としては、イスラーム主義が台頭するという、中長期的な構造としては大変なことをもたらす危険があるかもしれない。

山内　そのとおりですね。

佐藤　ロシアの事例研究とかを、どうも中国がまじめにやっているようには思えないんです。

山内　私もそう思います。ですから基本的なファクターとしていえば、ロシアとの関係が悪化すると、中国のユーラシア地政学はますます具合が悪くなる。それから新疆ウイグルで緊張が生じると、ロシアや日本との友好や中立を図らなくてはならない構造にあるのです。

もう一つ言えば、アメリカが中央アジアに持つ権益やアメリカ軍の基地が存続して、中国に対して牽制をかける状況が中央アジアに存在すれば、中国は東シナ海や南シナ海への進出どころではなくなる。海軍がこれから得ようとしている第一列島線の一部を窃取するといったレベルの冒険を阻むような、もっと深刻な事態となり、根本的に国家の統合がなかなか毀損していくでしょう。そういうことに中国が耐えられるかどうか。人民解放軍や共産党のなかで、海軍の幻想や野望を勝手気ままに許せるかという問題が絶対に出てくると思います。

佐藤　ずるく考えると、日本側は政策的にはそっちの方向に向けることをうまく考えないといけないわけですね。

偶発的衝突が起こす日中間の戦闘

佐藤　そう言えば、2015年3月にフィリピン沖の海底に沈んだ戦艦武蔵の様子がインターネットで中継されましたけれども、いま、中国が進めている航空母艦の建造などの発想は、戦艦武蔵や戦艦大和の建艦計画によく似ていませんか？　中長期的に意味のないことをやっています。

山内　そうですね。まあ、巨費でつくらせておけばいいんですよ。

佐藤　いまの中国海軍の状況においては、航空母艦3隻が運用できるようになったとしても、飛行機の発着用カタパルトはろくなものがつくれない。それだから、まるでスキーのジャンプ台のようになっている甲板から、「職人芸」で飛行機を飛ばさなくてはならない。あれでは発着艦できるようになるまで、訓練で相当飛行機も落ちて、乗員も死ぬことになると思いますね。

山内　実際に死んでいるでしょう。中国海軍には、戦前の連合艦隊のレベルでさえ持っていた機動部隊（タスクフォース）という観念が希薄なようです。中国が航空母艦をつくったとしても、戦前の第一航空艦隊だけで第一航空戦隊（赤城と加賀）や第二航空戦隊（飛龍と蒼龍）を擁した機動部隊に発展するには時間がかかります。それだけでなく、第八戦隊（重巡の利根と筑摩）や第三戦隊（戦艦霧島や戦艦榛名）を擁してコンサートをするかのように軽快に機動し、そこに軽巡長良や12隻ほどの駆逐艦が随伴し給油艦5隻が補給にあたるのです。一航艦だけでこの陣容を自在に動かす統率力や兵員の能力の養成をするには相当な能力を必要とします。それに、中国がこの規模の海軍機動部隊の育成を考えているとすれば、いまの兵学思想からすれば相当に遅れた発想でしょう。もちろん極端に単純なことを言えば、国際協調主義を尊重しない国ですから、いっそたくさんつくらせることで中国をゴルバチョフがレーガンに屈したのと同じように、軍事予算の膨張による財政破綻に追い込めばよいという考えも成り立つでしょう。

佐藤　確かにそのとおりです。しかし、その一方で、そういった非合理なことをするという観点からすると、かつての旧日本軍と一緒で、合理性から考えるとあり得ないはずの米英との戦いというものに踏み込んでいくという選択もしかねません。そういう無茶な決断を中国海軍がする危険性があるという点では怖いんですよね。

山内　それはそうです。でも海軍だけでそれを実行するとすれば、中国は分裂しかねません。陸はどうするのかということになりますよね。

佐藤　でも、こういう感じがするんですよ。例えば、自衛隊機や米軍機に異常接近する中国人のパイロットがいます。彼らは日本でいう暴走族みたいなものだと思うんです。いわゆる中国軍のなかでの鼻つまみ者という存在。ところが、いったん異常接近をしてしまってアメリカから抗議を受けた以上は、中国としてはそれが暴走族であっても英雄ということにせざるを得ないのではないか。

山内　[*14]２０１０年に尖閣列島近海で起こった、海上保安庁の巡視船に体当たりした中国籍の漁船。あの船長も愛国者というよりもアル中まがいだったようですしね（笑）。

佐藤　明らかにそういう者でも英雄にせざるを得ない。それこそ酔った勢いで尖閣に上陸するとか、酔った勢いで日本の海上保安庁の職員を殺害してしまうとか、こういうような偶発的な衝突から始まる両国の緊張というのは、意外と

＊14　２０１０年に尖閣列島近海で起こった～　沖縄県の尖閣諸島沖で発生。違法操業を続ける中国漁船に対して取り締まりを行おうとした海上保安庁の巡視船に対して、漁船は巡視船に向けて船体を体当たりさせた。漁船の船長を公務執行妨害と漁業規制に関する法律違反容疑で逮捕し、那覇地検に送検されたが、処分保留で不起訴。

恐ろしいと思うんです。

山内　それは本当に怖いね。我々がいちばん恐れるべき事案ですね。

佐藤　[*15]1969年にダマンスキー島（珍宝島）での国境をめぐる中国とロシアの戦闘においても、初動の理由は何だったのか。中露関係の研究者・岩下明裕氏あたりがいろいろ調べていますが、確たるところはわかっていないようです。ダマンスキー島事件に関して、私は憶測があるんです。先ほどの話ではないですが、どちらかが酔っぱらっていたか、もしくは両方酔っぱらっていたか（笑）。

山内　それはひどい。でも非常にわかりやすいですね。

佐藤　あえてダマンスキー島みたいな場所で戦闘を行うというメリットは、どう考えても双方に合理性がない。

山内　あまりに寒いのでロシア軍のほうはウオトカを飲んで、中国軍は白《パイ》酒《チュウ》を飲んだくれていたというわけですね。

佐藤　それで酔った勢いで「やってやろうか」と一発撃ってしまって、やった以上はただじゃ済まないということになっていく。

山内　それは帝国陸軍のノモンハンや[*16]張鼓峰事件よりひどいね。

佐藤　ダマンスキー島に関する検証は、きちんとしたものはないんだけれども、

＊15　1969年にダマンスキー島での〜　アムール川の支流であるウスリー川の中州のダマンスキー島（珍宝島）の領有を巡り、中国とソ連の間で起こった軍事衝突。ソ連が中国に対して核兵器の使用を予定していたという情報をアメリカが軍事衛星で探知し、ソ連に警告を発した。これによって米中接近が実現。

＊16　張鼓峰事件　1938年に勃発した日本とソ連による軍事衝突。36年に日本がドイツとの間で締結した日独防共協定がソ連側の対日硬化を呼び、ソ連は満州と朝鮮の国境近くの張鼓峰を占拠し、陣営を構築したことに始まる。

もう一回調べてみる必要は意外にもあると思うんです。歴史におけるこうした偶発事態が何に起因しているのか。

山内　歴史における偶然性というよりも偶発性は、興味深い命題ですね。

佐藤　特に尖閣周辺での海域には、様々な偶発性が容易に想像できます。海上保安庁の人間が殺される、あるいは中国の公船に乗っている人間が殺される、あるいは不慮の事故で死ぬ、衝突によって海に投げ出される。そういうことがきっかけとなった紛争が起きて、このエスカレートが止められないとなった場合には、誰も想定していないのに本当の武力衝突が尖閣周辺で起きる可能性があると思うんです。

山内　日本の航空自衛隊のパイロットも、みんなが本当にいまのように沈着冷静で対処できる勇敢な人ばかりなら問題ありません。しかし、人は恐怖から理性的に判断できるとばかりは限らない。本当に向こうから攻撃やロックオンを受けたら、理性的な判断も極めて難しくなるものです。中国が挑発して日本から先に引き金を引かせるように仕向ける作為がいちばん怖いんですよ。

佐藤　山内先生も自衛隊関係とおつき合いがいろいろとおありでしょうからわかると思いますが、航空自衛隊とか海上自衛隊に関しては、私は比較的安心しているんですよ。問題は海保です。海保には荒っぽいところがありますから。

山内　荒っぽい？

佐藤　ええ。

山内　[*17]2001年には北朝鮮の工作船を銃撃戦の末に沈めたこともありましたからね。あれは戦後最初の実戦だったという認識は当時希薄でした。

佐藤　外務省に出向している警察幹部から聞いたのですが、海保が逮捕したりしたときの調書は使い物にならないものが多いそうです。名護市の辺野古を警備している海上保安官にも、少々荒っぽくて気が短い人がいるようです。

山内　海上保安庁は日本の帝国海軍が解体されて姿を消したあと、事実上海軍の沿岸警備隊としての機能を継承したんですよ。ですから、のちに警察予備隊、保安隊、海上自衛隊が形成されるまで、日本近海の警備を担って帝国海軍を継承したのは俺たちだという自負があるのでしょう。

佐藤　海保は飛行機も持っていますし、要するに一つの手つかずのミニ軍隊なんです。いま、沖縄の辺野古の海上でも相当乱暴なことをしています。辺野古沖の基地建設反対派のボートに勢いよく横付けして、乗っている人の首を絞めたりなど、かなり暴力的にやっているわけですよ。写真も撮られています。

＊17　2001年には北朝鮮の工作船を銃撃戦の末に～　鹿児島県の奄美大島沖で発生した海上保安庁の巡視船と北朝鮮の工作船による銃撃事件。同海域を航行していた不審船を自衛隊の航空機が発見。不審船はその後、20時間にわたって逃走を続け、巡視船との間で銃撃戦となったのち沈没した。海上保安官3名が銃弾を受けて軽傷、不審船は10名以上とみられる乗組員全員が死亡したとされる。事件翌年、北朝鮮が関与を認めた。

山内　なるほど。私が知っていたのは、帝国海軍の直系につながる誇りを海上保安庁は非常に強く持っているということでした。

佐藤　海保は一家一門的なところであり、国交省のなかの一部局で人事もそこのなかだけで回しているでしょう。人事がよどむ組織では不祥事も起きやすくなりますし、悪いことを隠しやすい体質がつくられてしまいがちです。むしろ正規の軍隊であるところの自衛隊のほうがそうしたことが起きづらいのではないか。海保と中国の武装漁船もしくは中国の漁業監視船とか、こういうところとの衝突が起きたときには、非常に面倒くさいことになると思うんです。

山内　旧社会党員のなかには自衛隊は憲法違反でも海保は憲法違反でなく、自衛隊よりも「平和主義的」でソフトだと思っていた人もいたのでは（笑）。でもこの実戦でドギモを抜かれた人も多いはずです。

佐藤　ただ、先ほどお話に出た尖閣海域での衝突で、映像を「YouTube」に流した一色保安官もいましたね。

山内　一色正春氏？[*18]

佐藤　ええ。要するに彼は銃を撃つ訓練を受けている人ですよ。銃を撃つ人が、自分の考える正義感と役所のやっていることが違うからといって、マスコミに

＊18　**一色正春**
1967年生まれ。元海上保安官。尖閣諸島近海での中国漁船と海上保安庁の巡視船の衝突映像を「sengoku38」の名義でYouTubeに投稿。国家公務員法違反容疑で書類送検、起訴猶予処分となる。海上保安官辞職後は執筆や講演活動を展開。

接触して、そのあとYouTubeに秘密の資料を流してしまった。こういう体質がある役所ですよ。

山内　彼はいま、田母神俊雄[*19]氏と近いのでしょうか？

佐藤　そのようです。もっとも田母神「将軍」は、少なくとも一色氏のような行動はしていませんからね。現役のときは言論活動にとどまっています。ところが、一色氏の場合、本人も自覚したうえでの規律違反をしているわけですから。

腐敗に満ちた国家はナショナリズムに傾斜する

山内　中国は海洋戦略の展開として、第一列島線と第二列島線を軸に考えます。日本から沖縄諸島、宮古島や台湾、さらにはフィリピン、インドネシアのボルネオ島につながっていくのが第一列島線。第二列島線は伊豆諸島、小笠原諸島、グァム、サイパンを経てパプアニューギニアに至る線です。いずれにも日本の排他的経済水域[*20]が含まれています。これらの二つの戦略ラインには、国境や国土をめぐる問題を孕《はら》んだ尖閣諸島ほか南シナ海の各諸島があり、そこから南へ

＊19　**田母神俊雄**
1948年生まれ。第29代航空幕僚長。67年に航空自衛隊入隊。2008年、アパグループ主催の懸賞論文に応募した論文が政府見解と異なると問題視され、航空幕僚長を解任。同年、定年退職。現在、講演・著作活動を行う他、次世代の党の副代表を務める。

＊20　**排他的経済水域**
沿岸から200カイリ(約370キロ)までの範囲で、沿岸国の鉱物資源や水産資源の開発などの経済的な権利が及ぶ海域を指す。

行くにしたがって今度は海賊が出没する海域が現れてきます。さらにフィリピンのミンダナオなどのモロ・イスラーム解放戦線[*21]などの内戦が猖獗《しょうけつ》を極めている地域もそこに含まれます。

佐藤　しかもイスラーム過激派も。

山内　そう、イスラーム過激派も入ってきている。もちろんモロ・イスラーム解放戦線もそうですし、インドネシアのジェマ・イスラーミア[*22]、フィリピンのアブ・サヤフ[*23]、これらはＩＳへの忠誠を誓うか、共感を隠していない。ＩＳの支部と称する武装組織はこれからもしばらく出現しますから、海賊行為がイスラーム過激派によるテロと結びついていく厄介さも抱え込んでいます。さらに、尖閣やスプラトリーに象徴される領土問題も抱えている。それどころか中国が統合を狙っている台湾も存在する。紛争そのものは、もうすでにそこで起きているわけです。

　これを中国の視点で考えてみると、まずよく言われるのは、台湾問題が主権だけでなく安全保障の観点からも重要だということですね。この第一列島線を中国のほうから見ると、「逆・万里の長城」が聳《そび》え立っているかのように映るそうです。海に聳え立つ万里の長城の向こう側に、アメリカとその同盟国であ

＊21　モロ・イスラーム解放戦線
フィリピン南部のミンダナオ島中部などを中心に、モロ族の自治確立を目的とする武装組織。モロ解放戦線とフィリピン政府の停戦合意に反対するハシム副議長派が離反し、1984年、組織名を変更し、武装闘争継続を宣言したことから成立。ハシムはジハードを通じたイスラーム国家の建設を主張した。

＊22　ジェマ・イスラーミア
国際テロ組織アルカイダと関係があるとみられるイスラーム過激派集団。イスラーム共同体の意。2002年のバリ島でのディスコ爆破、03年のジャカルタでの米国系資本の高級ホテル爆破、04年にはジャカルタのオーストラリア大使館前での自爆、05年にはバリ島のレ

る日本、オーストラリアにつながるアメリカ側の戦略ラインがある。これらが見事に組織化されて防衛線を張っているから、中国はやすやすと長城線を越えて外に出ていくことができない。これでインドが加わるなら菱形の「安全保障ダイヤモンド構想」そのものになっていく。中国が外に出ていくためには、そのライン上でどこがいちばん強いところで、どこが弱いところかを見極めなければならない。

中国にとって非常に楽な主張は台湾です。台湾というのは「一つの中国」という発想で言えば、自分たちの一部であると。当然いずれは解放されて中国に復帰すると考えているわけです。かつてマッカーサーは台湾のことを「不沈空母」と呼びました。中曽根元総理が日本列島を「不沈空母」と言ったのは、おそらくこのマッカーサーの言葉がヒントになったと思います。不沈空母の台湾は、いまはアメリカにとってすこぶる重要だけれども、もし台湾が中国の手に落ちるとなると、第一列島線は根幹から崩れてしまい、中国の西太平洋への進出や制覇が始まることになる。

佐藤　それだから尖閣というのは非常に深刻な問題で、もし私が政府にいたのなら、こういうフレームをつくろうと考えると思います。例えば、２０１５年

ストランで自爆などのテロを行ったとされる。

＊23　アブ・サヤフ　１９９０年代初めにアブドラザク・ジャンジャラニらによって設立された、イスラーム国家建設を目指す武装組織。フィリピン南西部のスールー州、バシラン州などが主な活動地域。アルカイダとの関係を構築、93年に発生したアメリカの世界貿易センタービル爆破事件の首謀者らを側面支援していた可能性も指摘されている。

3月に開かれた台湾と東京でやっている、尖閣海域の漁業権をめぐる日台漁業協定は、沖縄を完全に無視しているんです。沖縄が捕れないで台湾が捕れるような、一方的に漁業権を譲ってしまっている面がある。そこで、いちばん理にかなった解決方法ですが、尖閣自体の帰属をめぐる争いについては東京と北京政府で行う。しかし日本のスタンスとしては尖閣は固有の領土であるから帰属問題はないという前提。逆に中国には帰属に関する問題がある。そこのところも含めて全部の議論を東京と北京政府でやるとともに、周辺海域の安全航行と漁業周辺のことなどに関しては、地方政府におろしてしまえばいい。沖縄県におろしてしまうんです。そうすると、沖縄県は尖閣諸島は台湾省と話し合いになるわけだから台湾とのみ交渉すればいい。中国もこれに関しては文句は言えないわけですよ。

山内　先方の主張のとおり、一つの中国ですし、漁業権はあくまでも地方・中央レベルでのことだというわけですから、台湾や福建省を絡ませるということですか。中国にしても沖縄を戦略的に刺激したくはないでしょう。

佐藤　台湾とだけやるのではフェアではないから、中国側からは福建省も出ていけばいいでしょうということで、ローカルな仕組みのところに落とし込み、国家への帰属という部分に一切影響がないかたちにする。日本とロシアの間における歯舞《はぼまい》群島の貝殻島の昆布協定[*24]みたいな感じですね。それで実際に使えるようにしてしまえば現実的な衝突がないし、共同使用でも何でもすればいいわけですから。

山内　貝殻島の昆布協定を結んだ当該部署はどこでしたか？

佐藤　大日本水産会とソ連漁業省（ソ連国民経済会議附属漁業国家委員会）です。直接は政府がかかわることになりますが、民間協定でやるという体裁をとっています。尖閣の場合、民間協定ではないとしても、地方政府レベルのところにおろしている。要するに具体的な係争が何なのか。国家の原理原則は何なのかを腑分けして仕分けすれば、折り合いはつけられると思うんです。こういう知恵を働かせて、早い段階で衝突が起きないようにしておくことと、漁業利権をめぐるトラブルの解消をするという枠組みさえつくってしまえば、実際の衝突はかなりの確率で回避できるはずです。

山内　昭和38年（1963）の日露貝殻島昆布採取協定は懐かしいですね。私は北海道の高校生でしたから、協定が結ばれたときの根室漁民の晴れやかな顔を思い出します。ソ連に拿捕《だほ》されていた漁民らの苦境を救った大日本水産会会

＊24　昆布協定　1963年に締結された貝殻島周辺水域における昆布採取協定。日本漁船はロシアに入漁料を支払い操業を続けている。貝殻島は45年よりソ連が占領し、現在はロシアが実効支配する日本の北方領土。

長の高碕達之助や北海道水産会会長の川端元治などは、毎日のように北海道新聞に登場したもので偉い人だと思ったものです。ソ連のイシコフ漁業大臣は、最高会議幹部会議長ウォロシーロフの名を知らない子どもたちの間でも有名人でしたね（笑）。

　ところで、尖閣について中国はなりふり構わずにナショナリズムをふりかざしているわけです。むしろ大国ショーヴィニズム（排他的ナショナリズム）は、中華人民共和国という腐敗と汚職に溢れた国家の存在理由を証明する装置であり、その絶好の内容が尖閣ひいては日本の政治姿勢というわけです。中国の政府とメディアは安倍政権を右傾化と言って批判するけれども、沖縄県知事や県民を敵視する気持ちはないはずです。

佐藤　そう思います。ところで、日中の歴史共同研究委員会に山内先生は入っておられましたよね。

山内　入っていました。

佐藤　あのときの報告書の琉球処分[*25]に関する部分、あれは国際大学学長の北岡伸一氏が書いているのですが、当時はいまのようなトラブルが日中間で拡大していくとは考えられていなかったので、報告書の文面を見ると、琉球処分に反

＊25　**琉球処分**
明治政府の施政のもと実施された沖縄に対する極めて強行的な廃藩置県。政府は1872年に琉球国を廃して琉球藩とし、中央政府直轄とした。75年には内務官僚の松田道之を処分官として琉球に派遣。中国との関係廃絶など、政府の処分要求を一方的に伝えた。

対して当時の清に亡命した脱清人を中国が助けなかったとか、日本側の記述から抜けていることもあり、日中合同で出されているのはかなり中国に押され気味な文書になっているんです。

山内 そうですか。私はあの部会じゃなく前近代部会のキャップでした。

佐藤 近現代史部会のあの文書は、琉球処分のところが相当不利です。

山内 北岡氏が座長として目配りをきちんとしていたはずです。

佐藤 あの時点で琉球処分をめぐる問題が政治化すると思っていた人は少ないので、仕方がないことかもしれません。実は、中華人民共和国はかなり早い時期から沖縄は日本領だと認めているんです。問題は中華民国なんですよ。1970年代まで琉球は中華民国の失地ということになっているんです。だからいまでも沖縄という文言を使わずに、琉球としている。それだから台湾との関係において、沖縄についてのことは中国は非常に腰が引けているように見えるわけです。台湾対策で中国のナショナリズムが高揚していくなかで、「琉球は失地である」と台湾は言っているのに、中華人民共和国は最初から日本の領土だと認めている。ここのところの軌道修正を中国はいま一生懸命やっている感じですね。明らかに北京政府が台湾のナショナリズムに押されている。

尖閣諸島・魚釣島付近で日本船に接近する中国の海洋監視船。
偶発的な出来事によって武力衝突が起きる可能性は高い。

山内　日中国交正常化のときに、中国は中華民国あるいは清朝のときの立場を放棄しているんですね。そのコロラリーとして琉球や尖閣は本来中華人民共和国にとって宗属関係や領土帰属の問題が生じないというのが常識的な解釈になるはずです。

佐藤　そうです。それだから、中国が「環球時報」[*26]で琉球論文を出したということは、沖縄向け・日本向けというよりも、台湾向けなのです。要するに、台湾に対して「我々もそこのところは遅れているわけじゃない。歴史認識においては、台湾の学者たちや台湾が一貫して主張している、その主張に対しても理解を示している」といいたいわけです。

ナショナリズムの巡礼メカニズム

山内　琉球の話に戻りますが、やはり本土の日本人の大きな誤りの一つは、王族への対応の違いもあると思います。日韓併合[*27]のときに、日本は李王朝に対して李家を王族として遇して皇族化し、ちゃんと李王家が立てられました。ところが琉球に関しては、尚王朝がありながら、尚家は一介の侯爵にしかなれませ

＊26　**環球時報**
中国共産党中央委員会の機関紙「人民日報」の国際版。

＊27　**日韓併合**
1910年に公布施行された日韓併合に関する条約に基づき日本が行った韓国領有。朝鮮総督府が設置され、多くの日本人が朝鮮半島に渡った。65年の日韓国交正常化の際に、韓国側は「不法な締結のため当初から無効である」と主張。

んでした。徳川幕府は、「島津の琉球入り」による尚王朝の服属後も、小国といえども国王として遇していて、薩摩藩がそれを仲介するかたちで尚寧王[*28]は家康・秀忠に会いました。明清朝からも冊封使[*29]が来島していたわけです。近世琉球は中国に対しては独立国の体裁を失うことはなかったわけです。明治新政府はいわゆる琉球処分に際して、尚家を王族として礼遇して琉球の独特な位置づけを尊重すればよかったのです。薩摩藩の圧制に苦しんだ県民の誇りと生きがいへの配慮がないのですね。実際は薩摩藩主と国父・久光の公爵よりもさらに低い侯爵に叙任されたにすぎない。これはまずかったと思いますね。

佐藤　その後の明治政府、つまり中央政府が沖縄に関して起こした最大の問題は、沖縄に高等教育機関をつくらなかったことです。台北にも帝大があり、当時の京城には帝大があるにもかかわらず、沖縄には高校すらなかった。

山内　旧制高校がない。それから高等医専や高等工業もないのですね。わずかに県師範学校が1943年にようやく官立（国立）沖縄師範学校になっただけなのです。

佐藤　そうです。ただ、もうそのときには実際の高等教育をやってはいないですからね。アメリカはそこのところをよく見ていて、「民事ハンドブック」と

＊28　尚寧王
1564〜1620年。琉球王国の第7代国王。1609年、薩摩藩の島津軍による侵略で捕虜になり、2年間の抑留を経て帰国。以後、琉球は薩摩の従属国となった。

＊29　冊封使
中国で天子の任命書を持って近隣の国へ行く使者。

いう占領マニュアルをつくっているんです。そのなかで、教育差別が激しいという指摘があり、逆に戦後になってからはミシガン州立大学が中心になって琉球大学をつくったわけです。

山内　高等教育機関に関しては、帝国大学ではないにしても、秋田高等鉱山学校や函館高等水産学校のように、地域振興だけでなく、全国に沖縄ありとアピールできる高等専門学校は欲しかったですね。このあたりの戦前の文教政策はひどいですね。

佐藤　そう思います。

山内　「沖縄」と称するけれども、沖縄の本島と八重山と奄美群島ではまた状況が違ってきます。

佐藤　また、先島（宮古、八重山）と奄美に対する沖縄本島の人々の認識にもだいぶ違いがあります。先島は沖縄の枠に入りますが、奄美は別のカテゴリーです。

山内　この島々の間にある、ある種の差別や差異関係、これも実に深刻なのですね。沖縄本島人、那覇人あたりからすれば、奄美群島人への差別や差異意識もないとはいえませんからね。

佐藤　ただし、宮古や八重山への帰属意識が、沖縄人というアイデンティティより優位になっているとはいえません。宮古、八重山を含む沖縄アイデンティティは確立しています。奄美になると、少し違ってくる。沖縄人も現段階ではあまり詰めて考えていないと思います。奄美に関しては、いまだに高等教育機関がないのです。短大さえもない。奄美高校が最高教育機関です。

山内　昔は「奄美群島区」という選挙区までつくらせたのに。

佐藤　重要なのは、巡礼の中心になるような頂点としての高等教育機関なんです。沖縄の場合は現在の琉球大学でしょう。それから名護の名桜大学もいま結構な力があります。それから沖縄国際大学、沖縄大学、沖縄キリスト教学院大学、そして沖縄科学技術大学院大学等、ようやく増えてきました。

山内　とくに沖縄科学技術大学院大学は、日本本島だけでなくグローバルに開かれた沖縄という観点からも、もっと早くつくるべきアカデミック・チャレンジでしたね。

佐藤　また、戦前、戦中の沖縄には高等教育機関を通じた巡礼メカニズムができなかった。逆に戦後それをつくったのがアメリカであるというところからしてねじれています。

山内　『想像の共同体』の作者ベネディクト・アンダーソンのいうナショナリズムの巡礼メカニズムですね。

佐藤　ええ。ナショナリズムの巡礼メカニズムをアメリカがつくった。それで本土ではほとんど報道されなかったのですけれども、沖縄の浦添市美術館で2015年2〜3月に1854年の琉米修好条約[*30]と55年の琉仏修好条約と59年の琉蘭修好条約が里帰りしたんです。それに結構人が集まっていたようで、翁長《おなが》雄志《たけし》知事も見に行きました。当時のアメリカとの間において琉球は、米兵による婦女暴行事件があったあと、裁判権を沖縄に認めるかたちの条約を迫り、勝ち取ることができた。こういう歴史の記憶が重要になってきます。

あともう一つ、琉球新報がアメリカの国務省に照会を依頼したところ、琉米修好条約の原本がアメリカにもあって、事実関係として、アメリカのほうはそれを米議会が批准して当時のフランクリン・ピアース大統領が1855年3月9日に公布しているんです。沖縄ではいま、それをベースにして、国際法の主体としてアメリカは沖縄を一つの政治主体という存在として認めていたということが大きなニュースになっているんです。そうするとこのあとの歴史認識で、琉米・琉仏・琉蘭の3条約はどういう経緯で日本に来たのかということを含め

＊30　琉米修好条約
1854年に琉球王国とアメリカの間で締結された条約。アメリカ側は全権大使ペリーが調印。琉球を訪れる米国人に対する厚遇、物資の供給、難破した乗組員の保護などの義務付ける。琉球側は当初、締結を拒否したが、同年の日米和親条約の締結を知り、要求を受け入れた。その後、55年にはフランスとの間で琉仏修好条約、59年にはオランダとの間で琉蘭修好条約をそれぞれ結んだ。

て、深刻になりつつあるんです。沖縄では連日、大きなニュースとして扱われました。ところが本土ではほとんど知られていません。

これは意外と発端としては小さなことに見えても、そのうち条約文書の返還要求になると思うんです。そうすると、この歴史的なシンボルをめぐる闘争というのが辺野古のことと合わさって同時進行形で進んでいくと、かなり深刻な問題に発展し得るのだということに、まだみんな気づいていないのではないか。これは今まで明らかになっていなかったんですよね。アメリカが批准して公布しているということであれば、国際法の主体として認めているということを意味するわけですから。

山内　琉球政府というのは私の一つの感覚としてもありました。私は子どものときに琉球切手[*31]やアエログラム（航空書簡）で沖縄に手紙を出した世代の人間ですから。小学生のときに沖縄の人に手紙を書くのに、宛先をローマ字で書くという愚かなことをしたのをいまでも思い出します（笑）。沖縄に行くにはパスポートが必要だったのです。子どもでしたから行きませんでしたけれども、パスポートの必要をちゃんと記憶している世代なのですね。

佐藤　ただし、外務省が発行する旅券（パスポート）ではなく、総理府が発行

＊31　**琉球切手**
アメリカ軍が沖縄を占領した1945年から本土復帰の72年まで琉球政府の郵政局が発行していた切手。

する身分証明書でした。郵便について、向こうからは羽衣の絵が描いてある琉球切手で来ましたからね。こっちからは、外国よりは料金は高くないけれども、いつもの郵便よりちょっと高かった。

山内 高かったですね。それから、ボイス・オブ・アメリカ[*32]も、我々は沖縄経由で放送を聞いていたわけですよ。

平和を過剰に好む国に先見の明はないのか

山内 さて、沖縄から視点を少し「海」のほうに移してみたいと思います。日本は海洋国家ですので、アメリカ海軍の軍人にして歴史家のマハンによる海洋版の地政学「海洋国家論」の観点から議論してみませんか。

マハンが語るシーパワーとは、ランドパワーで議論するマッキンダーと当然ながら対照的です。シーパワーの一つのポイントは、大規模な軍事力を陸上で展開するランドパワーと違って、それほど侵略的あるいは暴力的にならないパワーだというのがマハンの主張です。海洋というのは文明の巨大なハイウェイであって、水路は旅行や普通の通商などにとって陸路よりも容易で安価だとい

＊32 ボイス・オブ・アメリカ
アメリカ政府が行っている世界各国に向けた海外放送。第2次世界大戦中の敵国に対してのプロパガンダ放送のほか、大戦後の冷戦時代には共産圏の国に向けた西側諸国の文化やイデオロギーを宣伝する役目があった。

うのはともかく、その先が非常に面白いのです。つまり、平和を好み、利を愛する国、つまり利益というものを追求し平和を過剰に好む国というのは先見の明がない国だと言っています。民主的な政府や民主的に選ばれた政治家は基本的に先見の明を持たないことが多い。それは、選挙というものを介するからだという意味なんでしょうね。国の立ち位置、国のあり方、いま国や国民はどうあるべきかということを鋭く把握する能力があるかどうかも疑問だと言っています。これはいまの日本に限らず現代の民主主義国家を考えてみると非常に面白いと思うのです。

世界史についてもマハンは示唆的な発言をしています。平和国家では、悲劇というものが起きないことが前提なので、悲劇に対する感受性を養わないし、養うことができないというのです。そもそも悲劇というものを知らない、という言い方は現代の日本を考えると示唆に富むのです。悲劇に対する感受性を養っていないと、逆に次なる悲劇をもたらしてしまうというのが、マハンの代表作『海上権力史論』（1890年）のポイントの一つなんです。

平和国家の歴史家というのはだいたい海について知らない。陸についてはずいぶんと研究し知っているけれども、陸に安全保障や繁栄をもたらす要因は海だということにまで理解が及ばないのです。

海洋という視点は日本にとってすこぶる重要です。アメリカが世界的なシーパワーに成長したなかで重要なポイントは、太平洋と大西洋の両方に通じている国家だということです。そしてランドパワーとしては他の大陸から離れていた点が強みでした。これがアメリカの独特な強さの秘密であると同時にある時期までの脆弱性になっていたと私は考えます。その弱さは、パナマ運河がつくられる以前のことです。

佐藤　ホーン岬を回るドレーク海峡や手前のマゼラン海峡は危険で航路には適しませんでしたからね。

山内　パナマ運河がつくられるまでのカリブ海は単なる内海でした。内海というよりもカリブ海で行き止まりだったのです。ところが、パナマ運河が完成したことで、カリブ海は通商路の経過水域になりました。だからカリブ海は重要性を増したと考えるよりは、むしろ重要性を減じたということなのでしょう。

佐藤　わかります。

山内　もしパナマ運河ができる前であれば、カリブ海は南北アメリカを往来する水域ですから、ここをどう押さえるかという点は非常に重要な意味を持っていました。だから、そこをめぐってアメリカはスペインを相手に米西戦争[*33]を仕掛けてプエルトリコを奪取したりとか、イギリスが絶対にバハマ、バミューダを手放さないとか、北米を支配する帝国主義列強の思惑が交錯した背景には、カリブ海の戦略的意味合いがあったと思うんです。

佐藤　でもそこに海路ができてしまったら、いつでも行けるわけでしょう。

山内　そう。そこでいちばんの綾というのは、何といってもアメリカが太平洋と大西洋をパナマ運河でつないで、両大洋国家になったということです。

佐藤　逆説的に、そこにも地理が関係しているのですが、もう少し南アメリカが短くて、ホーン岬が喜望峰ぐらい引っ込んでいれば、ドレーク海峡も比較的安全に航行ができましたから、そこまで頑張って運河を掘る必要性はなかったかもしれませんね。

山内　誰だったか、チリのことを「南極に突き刺さった刃」と喝破した人物がいたけれども、それは基本的に、海峡を狭くしている、そして安全航行を不可能にする刃だという比喩としても捉えられます。

佐藤　船に乗っている人たちに聞くと、あそこはやはり本当に怖いらしいですね。とにかく風も強い。流氷の不安もある。相当な操船技術がないと航海でき

＊33　米西戦争
1898年に勃発した、スペインからの独立をはかったキューバの戦争に介入したアメリカとスペインの戦争。アメリカが勝利し、キューバは独立を果たす。この他、スペイン領だったプエルトリコ、グアム、フィリピンは米国領となった。

ない場所の一つだということです。

日本とメキシコが同盟を組むという仮説

山内　第2次世界大戦でアメリカと開戦したときに、連合艦隊が真珠湾攻撃をしますが、そのあと何をやるかといったときに、いろいろな論が出たといいます。最も積極的な提督の一人が、第一航空艦隊第二航空戦隊司令官の山口多聞少将。[*34]ミッドウェー海戦で船と運命を共にした名将です。

佐藤　「飛龍」に坐乗していた機動部隊の司令官でした。

山内　そこで山口多聞は、「パナマ運河を攻撃する」という最も積極的な策を立てて、山本五十六からも無謀だと言われたらしい。パナマをやれば結局、アメリカという国家の太平洋への生命線は失われます。これは実はかなり正しいと思いますが、日本側にそこまでの決戦能力が余力としてあったかどうかについては悲観的です。

佐藤　でも巨大な伊四百型潜水艦[*35]だって、それを考えて建造されたわけでしょうからね。飛行機3機も格納できるような巨大潜水艦なんて、当時の常識を破

＊34　山口多聞　1892〜1942年。海軍中将。アメリカの大学で学び、大佐時代にはワシントンに駐在。大使館付武官としてワシントンに駐在。巡洋艦「五十鈴」の艦長を経て、第二航空戦隊司令官として出撃したミッドウェー海戦で戦死。

＊35　伊四百型潜水艦　大日本帝国海軍の潜水艦で、第2次世界大戦中に就航した潜水艦のなかでは最大級（全長122メートル、全幅12メートル、乗艦人数157名）。

るものでした。

山内　本当は日本のような陸軍国家は、西海岸を占領してサンフランシスコ、ロサンゼルス、シアトルを押さえて、それでロッキー山脈に迫るという選択肢もなかったわけではない。現実には戦争目的が陸海で分裂している国家ですから、そうした戦略など空想でも考え付かない。しかし、早川書房のミステリーかSFではロッキーを挟んで日本陸軍とナチス軍が対峙するという作品があるんです。まあ、SFならともかく日本にそんな力は全くなかった。38式銃とゲートルの日本陸軍歩兵が金門橋を行進するなど悪い冗談ですからね（笑）。

佐藤　いや、一つだけ方法はあったと思います。メキシコと同盟関係を持つということ。

山内　日墨同盟？

佐藤　現在のアメリカとメキシコでは比較してもお話になりませんが、当時のアメリカとメキシコの彼我の力関係だと、アメリカにとってもメキシコは十分安全保障上の脅威だったじゃないですか。

山内　メキシコの側からするとアラモの戦いや米墨戦争の報復ということですね。逆にメキシコの落ちた偶像[*36]アントニオ・ロペス・デ・サンタ・アナの報復

＊36　アントニオ・ロペス・デ・サンタ・アナ　1794〜1876年。メキシコの国民的英雄、革命家。元メキシコ大統領。独裁的な中央集権体制を敷いたが、メキシコ各地で反発の声が響き、のちのテキサス独立戦争と1848年の米墨戦争後のメキシコ割譲を招いた。

かもしれない。

佐藤　荒唐無稽なようですけれども、樋口麗陽《ひぐちれいよう》という大衆作家の小説で、1920（大正9）年に大ベストセラーになった『日米戦争未来記』[*37]という本があって、そういうストーリーなんです。

山内　なるほど、日墨同盟。

佐藤　これが面白いんですよ。日墨同盟で、物語のなかではロシアが日本に好意的で中立なんです。それでロシアではレーニン、トロツキーが革命騒動を起こすんです。ところがしばらく経って、共産主義は実現しないというかたちで、ロシアは共和制の帝国主義国に変わってしまう。さらにドイツと日本は提携していて、アメリカとイギリスが提携しているという構図。やがて2000年を直前に控えた199X年に、ついに日米決戦の火ぶたが切って落とされる。日本は対米決戦になるということで、日本海軍には第一艦隊と第二艦隊があるんだけれども、まずはハワイを占領しないといけないということで連合艦隊をハワイに向かわせるわけです。

山内　それはつまり、第一航空艦隊という海軍機動部隊になりますね。あくまでも小説のなかのことですけれども。

＊37　**日米戦争未来記**　大正9年（1920）に発表されてベストセラーとなった作家・樋口麗陽による日米開戦を描いた近未来小説。現在は改題されて『この国が戦争に導かれるとき　超訳　小説・日米戦争』（徳間文庫カレッジ）として佐藤優氏による超訳と解説で復刊。

佐藤　1920年に発刊された本ですから、まだ機動部隊の発想はないんです。

山内　でも第一航空艦隊、第二航空艦隊と考えると、すごく迫力が増しますね。

佐藤　それからアメリカは、日本人が「第五列」として日本軍の通敵活動をとる危険性があるということで、日本人狩りをしてカリフォルニアの砂漠に日本人を強制収容してしまうわけですよ。

山内　なるほど。実際にアメリカは太平洋戦争中に日系人を第五列と捉えて強制収容している。人種差別の問題と並んで非常に先取りしていますね。

佐藤　しかもアメリカは新兵器の巡航ミサイル「空中魚雷」というのを開発しているんです。その実験を兼ねて日本人を皆殺しにしようとしている。そのことをドイツの青年が、第1次大戦のときに日本人に世話になったからということで、国際世論を啓発する。結果、アメリカの野望は実現できない――こういうストーリーなんですけれども、いまの流れを考えると、大正後期の大衆小説でそういうものが出てきてものすごく多くの読者に読まれたということは、日米決戦への潜在的な意識は、第1次大戦が終わったあとから大衆の深層において強く形成されていたのだと思います。

山内　第1次大戦では日本は日英同盟のよしみでドイツと戦い、青島出兵や南洋諸島作戦などをしています。ドイツの青年が日本の世話になったというあたりが面白い。

佐藤　だから地政学的な発想というのは、ある時期までの我々は非常によくできていたんです。裏返して言えば、アメリカと必要以上に事を構えるべきでないということを日本のエリート層が考えていたというのは、海洋国家の怖さがわかっていたわけですよね。

山内　それもマハンの理屈につながってきます。日本が対米決戦で敗れたいちばんの理由は、やはり主力艦による艦隊決戦という思想に最後までとらわれていたということでしょう。武蔵や大和の大艦巨砲信仰です。

佐藤　だからあの時期に多大な財政負担をかけてまでつくる必要がなかった大和や武蔵をつくったのでしょう。その観点で言えば「あきつ丸」という陸軍の航空母艦も同様です。

山内　いまの海自が所有するヘリコプター空母の「ひゅうが」型に近いようです。

佐藤　まさにそれで、戦時中にこういった空母を所持していたのは日本陸軍が世界で唯一だと思うんです。つまり、あの当時から航空母艦を持っていた。ミッドウェー海戦後には、海軍が船舶司令部の輸送船を防衛してくれないという事情もありました。それだから自前でつくらざるを得ないので、戦時中に空母をつくっていたということです。上に乗せる艦載機も同様に独自でつくったんです。

山内　上陸用舟艇、いわゆる大発（ダイハツ）も乗せたんですね。

佐藤　ええ。当時、戦争をやっている最中、それも極めて厳しい戦況にあったなかで、陸軍で独自につくるという異常なことをやっていたわけです。とは言っても、この建艦技術はなかなかたいしたものでした。

「将来、戦争をする」、中国の古典的軍事思想

山内　いずれにしても、こういう個々の巨艦による艦隊決戦でなく、「面」で制海権を押さえていく発想を求めればよかったのです。しかも、日本海軍は、第1次世界大戦で地中海に船舶防衛のために第二特務艦隊を出して色々と勉強している。

佐藤　はい。駆逐艦は出していますね。

山内　第二特務艦隊の主力は駆逐艦です。あれを出して日本が学んだのは、シーレーン（戦略上重要な海上交通路）防衛の重要性です。輸送船や民間船舶が航行中に敵艦とくに潜水艦に攻撃されたらどうなるかを実戦で学んだ海軍軍人たちがいたわけです。潜水艦が戦艦や重巡洋艦を襲う脅威を学んだにもかかわらず、それを教訓化しなかったことが太平洋戦争の悲劇と敗戦につながる。

マハン的な意味でいえば、敵海軍の旗を翩翻《へんぽん》とひるがえした敵軍の存在とヘゲモニー（支配権）を海域から追い出せばいいわけですよね。とにかく一掃するには潜水艦なり、爆撃機なりを組み合わせたモスキートー戦術[*38]でもよいし、小規模の機動戦略でもよいのです。艦隊決戦を挑むという日露戦争モデルにこだわったのが敗因の一つでしょう。

もう一つ、マハンの理論の延長にあると私が思うのは、太平洋という広い海域を押さえ、戦略的に制海権を押さえることで必要なのは、巨大な艦隊を1カ国で持つ必要はないということなんです。同盟国あるいは友好国との協力やコンサートによって「面」を押さえていけばいい。だからアメリカは海軍艦船の数を減らしているでしょう。

佐藤　いまや海上自衛隊は第七艦隊[*39]の一部ですから。

＊38　モスキートー戦術
第2次世界大戦中に行われたイギリス軍の爆撃機を組み合わせた作戦。同機はエンジンやプロペラ以外のほとんどの部位に木材を使っていた。

＊39　第七艦隊
第2次世界大戦中の1943年に創設された、アメリカ海軍が持つ方面艦隊の一つ。西太平洋、日本、韓国、フィリピン、インド洋、アラビア湾など、米国西岸から1万1000マイル以内を管轄とする。拠点は神奈川県の横須賀基地。

山内　日本における海軍の伝統と遺産は、海外のほうが高く評価している。海自や第七艦隊との連携となると、オーストラリア、シンガポールが加わってくる。インドもいずれそうなるかもしれない。一方、中国には昔のような大艦巨砲主義的な信仰があるのでは。航空母艦を開発するというこだわりは、ゲインよりもロスが大きいでしょう。

佐藤　大いに結構なことです。エネルギーを無駄にするわけですから。サイバー戦とか無人飛行機なんかにあのエネルギーを向けられたらかなわないわけで。

山内　中国海軍の古典的な軍拡思想を相手にせず、日本は単独で艦隊を増強する必要はないのです。安保諸法をきちんと完備して集団的自衛権を発動できるようにしておけばよいのです。いざ鎌倉という場合を考えるということですね。アメリカ、インド、日本、そしてオーストラリアを含めて、全体として中国に対してパリティ（等価性）、あるいは少しばかりの優位性を維持していればよいのです。だから昔は対米比率、7対3。

佐藤　主力艦で7対3、補助艦では6対4。

山内　今は単純な比率で、一国艦隊主義で考える時代ではないんです。

佐藤　同盟関係をどう見るかということですね。

山内　しかももう一つ、アメリカや日本にあるのは、単純な軍事力学だけでなく、通商貿易や金融によるグローバルな構造を安定させる力と義務感です。

佐藤　総合力ですよね。

山内　総合力。さらに情報力や経済力とか。

佐藤　総力戦とはつまりそういうことですよね。

山内　そう。グローバルな世界貿易体制から恩恵を受ける人々が繁栄を享受していくためには、石油・天然ガスといったエネルギーをいかに安定的かつ持続的にシーレーンを通して確保供給できるかという点にかかっています。平和的かつグローバルな協調体制をつくることが日本にとって最大の利益になります。

第六章

情報地政学で理解する未来図、そして戦争

ロシアへの依存度が高まるイラン

山内　現在のユーラシア情勢に目を向けてみると、ウクライナやクリミアをめぐって、あたかも欧米が制裁をしかけたプーチンの政策が弱まり、ロシアの孤立によって国際的影響力が弱まっているという見方があります。つまり、経済も停滞し油価も下がっているのでロシアの力が落ちたという見方ですね。しかし、これは勘違いの面が多々あり、ロシアの実体的力量を日本はじめ欧米各国は誤解しているフシもあります。

中東におけるプーチンやロシア外交の影響力は、実は全然衰えていません。ロシアの影響力は、２０１４年末から15年にかけてむしろ伸びています。モスクワは中東において、シリアやイランなどにレバレッジを利かせられますので、シリアのアサドを延命させ、今回のイラン核開発をめぐる最終合意によってアメリカの徹底したイラン制裁を解除させるレバレッジをロシアが利かせた面もきちんと見ていくべきだと思うのです。

ロシアの中東外交は、冷戦期の中東戦争などに象徴されるように、中東の内戦や紛争をより大きな国際システムにおいて、ソビエトないしはロシアの力や位置を強めるための手段として見てきました。とくに、冷戦期のガマール・アブドゥル＝ナセル大統領が誤った判断で始めた第3次中東戦争とイスラエルに対する悲惨な敗北の背景には、ロシア（当時のソ連）が中東でアメリカに対する優位を確立するために、戦争を起こさせたいという意図がありました。

エジプトはじめアラブ各国にはロシア（ソビエト連邦）から兵器を購入していた関係でKGBの要員も入っていました。KGBは、イスラエルとシリアには即時開戦の気配も態勢もなかったのに、エジプトに両国が開戦するという偽情報を流しています。シリア政府にも、イスラエルがシリア侵攻の準備に入ったと伝えます。この偽情報によって、両国は開戦に備えてイスラエルを挑発した結果、イスラエルの先制攻撃を誘発しますが、問題はKGBがこの動きをつかんでいながらエジプトなどに伝えなかったらしい。KGBの動きで敗戦の憂き目にあったナセルは衝撃のあまりに号泣しますが、このあたりの旧ソビエトの政治リアリズムの冷酷さは凄い。イスラエルの固い戦意を見て、ソ連まで巻き込まれてはかなわないと考えたのと、敗戦必至のアラブの弱兵の敗戦責任をとらされそうな危険を見てとるやサッと身をかわすのですね。

いずれにせよ、中東におけるロシアの力は、欧米にとっていちばん警戒すべき圧力要因だったわけです。1980年代にはゴルバチョフのペレストロイカによって、中東の地域紛争をロシアの仲介や斡旋《あっせん》によって欧米との外交バーターとして使う手法に基本的に終止符が打たれます。中東における冷戦の終結というのは、ゴルバチョフの決断に負う点が大きいのです。

しかし最近、プーチンはこの古典的手法を再び導入しているかのように思います。いまのシリアだけに目をとられがちですけれども、実はプーチンはさらにトルコとイランにロシアの影響力を及ぼそうとし、ある面では成功しています。中東でいちばん重要な地域大国、トルコとイランに対して、ロシアはグリップを効かせている。この点こそがアメリカやEUが果たせなかったことです。エルドアン大統領のトルコは、ますますロシアへのエネルギー依存を増やしているかのように見えます。

それからイランは、19世紀に起こった2回のロシア・ペルシア戦争[*1]の結果、ゴレスターン条約とトルコマンチャーイ条約を結んだのですが、これらによって中央アジア、グルジア、アルメニア、アゼルバイジャンを失いました。こうした歴史的経験からも、イランはトルコに劣らずロシアの領土的な野望、安全

＊1　ロシア・ペルシア戦争　1804〜1813年と、1826〜1828年に起こったロシアとカージャール朝ペルシア間の戦争。1804年の戦争で

保障への脅威について十分に自覚的なのです。

しかし、いまのイランにとっての主要な敵は、制裁の当事者たる欧米とくにアメリカであり、油価の下落をめぐるサウジアラビアとの競合なのです。こうした要因がイランをロシアに近づけたのです。ロシアはシリア内戦に大きく関与し、それを外交的にコントロールしているだけではなくて、イランやトルコをロシアに依存させざるを得なくする圧力をかけているんですね。

もっとも石油価格の下落と天然ガスの価格とは相対的に別なのです。ロシアは天然ガスの主要な提供者として、その役割は国際市場で非常に大きな存在感を示しています。

２０１４年12月1日、プーチンは英語でいうサウスストリーム［南流 south stream］という南方経由の天然ガスパイプライン敷設計画をキャンセルしました。年間おおむね６７０億立方メートルの天然ガスを欧州に供給するためでした。そのために黒海海底に９００キロメートルのパイプラインをつくってブルガリアにハブを設けて欧州につなぐという計画でした。１５０億ユーロの建設費が見込まれていたようです。

その目指すところは明らかで、ウクライナにガスパイプラインが恒常的に制

は両国はザカフカスの領有権を巡って争い、ペルシアが敗北し、ゴレスターン条約が結ばれ、ペルシアはアゼルバイジャンをロシアに割譲、グルジアに対する主権を放棄した。１８２６年の戦争もペルシアが敗れ、トルコマンチャーイ条約を締結。ペルシアはザカフカスの領土割譲、賠償金支払い、ロシア人の治外法権を認めさせられた。

せられる危険性を拒否し、ウクライナ経由の欧州供給ルートの代替として構想されたものでした。しかし、EUやアメリカがクリミア併合や東ウクライナの問題をめぐってロシアを揺さぶるためにブルガリアに圧力をかけたようです。ハブとしてのブルガリアが南流計画を受け入れられない状況になった点も、ロシアがキャンセルした原因だとされています。

いずれにしても、この南流計画のプロジェクトに対してはEUの抵抗が非常に強かった。このことは、ウクライナ危機におけるロシアのふるまい、ロシアの行動の結果だったといってよいでしょう。

佐藤　なるほど。これでドイツも得をしたと思います。南流計画が頓挫《とんざ》したことにより、ロシアの天然ガスの需要者としてのドイツの特権的地位が当面、維持されます。

山内　もう一つトルコとの関係について触れておきますと、プーチンは南流計画の放棄と前後して、トルコの首都アンカラを訪問しています。トルコにボタシュ（BOTAŞ）という石油パイプライン会社があるのですが、このボタシュとの間で新パイプライン計画を公にしました。これはサウスストリームに対してターキッシュストリーム［Turkish stream］・プロジェクトと呼ばれますが、トルコ経由のガスの流れという意味で仮に「土流」と訳しておきましょう。

結局、いまのトルコは欧州とロシア、欧州と中東をつなぐエネルギーのハブとして自国を位置づけるという野心を持っています。アフメト・ダウトオール首相は、いつも彼は外交的にきざな表現を使うんだけれども、「すべてのエネルギーはトルコを経由して流れる。すべての道がローマに通じるように」と、大見得《おおみえ》を切ったんですね。もっとも土流を新たにつくらなくても、既存のトルコ―ロシア間にあるブルーストリーム、「蒼流」と呼ばれるパイプラインを補強拡大させて、キャンセルされた南流計画とほぼ同じガス量を――南流計画が670億立方メートルだったのが630億立方メートルに減るけれども――、ギリシアの国境地域を介して、南ヨーロッパ諸国のガスプロムの顧客に配分される予定だといいます。ここでギリシアが噛んでいるのが面白い。ちょうどギリシアはEUユーロ圏の事実上の金融制裁を受けているところでもあり、ロシアという同じ正教文化圏を頼りにするポーズもとっていた姿勢とも重なることになりました。ギリシアはこれからもEUユーロ圏とくにドイツに対する数少ないカードとしてこの「土流」「蒼流」パイプラインへの協力を持ち出すかもしれません。

ロシアはパイプライン計画のなかで、EUやアメリカの圧力によって変えさせられた南流計画を、逆にトルコとの間に移し「土流」を使って「蒼流」パイプラインとして蘇生させようとしているわけです。ロシアはトルコを梃子に東南ヨーロッパから中東へ、それからイランを介してペルシア湾と湾岸ひいてはアラビア半島に対して圧力をかける意図を持つと考えるのが自然でしょう。以上の図式は、イラン、トルコ、シリアといういまの中東の紛争や国際関係の主要ファクターに対して、ロシアがグリップを効かせていることを説明してくれます。この部分は地政学と国際政治経済の観点から見ても、議論を深めるべきテーマと思うのです。

佐藤　すごく重要な視点だと思います。つまり、ロシアの南下政策なわけですね。

山内　大きな枠組みで見れば、そういうことになりますね。

佐藤　黒海からブルガリアを経由していくところから、トルコを経由していくところに変わっていくというのは、逆にロシアの地政学的な行動範囲をもっと広げてしまったのかもしれません。

山内　ウクライナ問題の思わざる波及効果ですね。

佐藤　ええ、ウクライナ問題の結果として。

トルコに向かう天然ガスパイプラインの思惑

佐藤　ヨーロッパにとってウクライナというのは実に面倒くさいところだと思うんです。とくにドイツは、ウクライナがどういう国なのかをよくわかっているのではないでしょうか。極端なかたちで言うと、ウクライナはソ連崩壊後の破綻国家の一つですよね。財政のバランスシートを本当に複式簿記でつけているのかどうかよくわからないような国家で、債務がどれぐらいあるかもよくわかっていません（笑）。

それから現在のウクライナ大統領ペトロ・ポロシェンコ[*2]にしても、西側寄りと見られてはいるのですが、これは完全に間違えた見方で、ポロシェンコがそもそも政治の世界に出てこざるを得なかったのは自分の利権を守るためなんです。大学卒業後、彼は最初、カカオの先物相場で儲けて、チョコレート会社の社長に就任したと言われているのですが、実際はそのチョコレート会社は彼のソフトな顔のほうにすぎません。造船会社を持っていますし、ガラス関係の企

＊2　ペトロ・ポロシェンコ
1965年生まれ。ウクライナの第5代大統領。90年代に菓子メーカー「ロシェン」を創業して財をなし、「チョコレート王」の異名をとる。メディア、自動車メーカーなども所有する富豪。2014年にウクライナ騒擾でヤヌーコビッチ前大統領が国外脱出したあとの大統領選に出馬、当選。

業を持っています。それからテレビ、ラジオ局も手中にしている。さらに彼は、ウクライナで最初の親西欧派と言われたヴィクトル・ユシチェンコ[*3]大統領の政権では外務大臣を務めていましたよね。それで、その次の政権、親ロシア派と言われたヴィクトル・ヤヌコービッチ[*4]大統領のときには経済発展・貿易相として在職していました。つまり、ポロシェンコは常に権力の内側にいないと自分の利権を維持することができない、いわば政商なんです。ヤヌコービッチがEUとの貿易協定を破棄したことから起こった2013年のマイダン革命[*5]に関しても、ポロシェンコは比較的後期になってからマイダンに加わってくるわけです。要するに、マイダンに入っていないとやっぱり自分の利権が維持できない。そういう人なのです。

いまのウクライナで、中途半端なかたちでの紛争が続いていることは、彼には非常に有益に働くんです。とりあえず、ウクライナの財政破綻を先延ばしにすることができるし、西欧からの軍事援助を得られることになれば、それはそれで結構なことですし、なおかつ西側からの同情を得られます。ロシアが悪いものだということになっていくことで、ウクライナは民主化の戦士だというイメージができてくる。ただ、紛争が本当に拡大して内戦状態になってしまった

*3　ヴィクトル・ユシチェンコ
1954年生まれ。第3代ウクライナ大統領。ウクライナ中央銀行総裁、ウクライナ首相を経て、2004年の大統領選に立候補するが、大量のダイオキシンを何者かに盛られ、形相が一変した（対立陣営からの暗殺計画とも噂されたが真相は不明）。選挙は敗北したが、当選したヤヌーコビッチに不正疑惑が発覚。やり直し選挙で大統領に当選。

*4　ヴィクトル・ヤヌコービッチ
1950年生まれ。第4代ウクライナ大統領。2014年のウクライナ騒擾で、親EU派の暫定政権が誕生したことから国外脱出したため、大統領を解任。政変による大統領解任は憲法違反だとして、現在も自らを「合法

ら困る。こういう状態だと思うんですね。

ウクライナのこの状況がずっと続くことになると、ドイツにしてもイタリアにしても、ウクライナが本格的な内戦状態になったらガスパイプラインが止まってしまいますから極めて心配です。

山内　そうです。その点でトルコが黒海沿岸国家であり、黒海経済協力機構の有力メンバーであって、ウクライナ問題は自身が抱える安全保障の問題でもあるんですよね。

1921年3月、ロシア革命から4年後にソビエト・ロシアとトルコは友好和親条約を結びましたが、これはともに欧米のヴェルサイユ体制[*6]から疎外されている国同士で、ドイツとの潜在的同盟・友好関係にある国際情勢を意識しつつ国交を樹立するという格好でした。その後、両国の関係は、しばしば英仏の干渉によって揺らいだり、攪乱《かくらん》のために不信材料が出されたりします。

そこで、関係強化と再調整のためにトルコ・ウクライナ条約の締結というかたちで、ロシアのミハイル・フルンゼ[*7]がトルコを訪れて、当時のトルコの政治指導者ムスタファ・ケマル・パシャ（後のアタテュルク）と会い、ウクライナ・トルコ関係の強化を図りました。その実は、ソビエト全体とトルコとの友

的国家元首」と主張する。

＊5　マイダン革命　2013年、当時のヤヌコービッチ大統領による欧州連合協定棚上げに抗議するために、ウクライナの首都キエフに位置する広場で行われた、参加者数十万人規模の反政府デモ。「マイダン」とは「広場」の意。

＊6　ヴェルサイユ体制　第1次世界大戦後に結ばれたヴェルサイユ条約をはじめとする連合国と敗戦国間で締結された講和条約によって形成された国際秩序。イギリス、フランスの主導のもと、国際連盟が秩序維持にあたるとした。

＊7　ミハイル・フルンゼ　1885～1925年。ソ連の政治家。ボリシェヴィキの指導者として、

好関係を再確認したかったのです。それ以来、黒海国家としてのウクライナはトルコや両海峡の安全保障にとって全く疎遠な存在ではありません。ウクライナでいろいろな不安定ましてや内戦が起きるのは、トルコにとってもすこぶる困った攪乱要因になるのです。

また、トルコの外交的な凄みは、ただ単にロシアによって圧力をかけられる受け身の存在だけではなかったという点なのですね。現に存在する「蒼流」なる天然ガスパイプラインを使って、２０１４年にプーチンはトルコに30億立方メートル相当の天然ガスを新規に供給すると公言しました。しかも、価格を６パーセント下げるという大盤振る舞いをしたつもりだったのです。従って、プーチンとエルドアンは、明らかに戦略的互恵関係ともいうべき互助会的な面があります。日中関係を戦略的互恵関係と定義するときの白々しい響きよりは、よほどリアリズムと利害関係と個人的平仄《ひょうそく》など多面的に戦略的互恵関係と呼べそうなのです。しかし、問題はここから先です。

このブルーストリーム「蒼流」が拡大して、ターキッシュストリーム「土流」と称される新パイプラインでは、前述のとおり、年間供給されるのが６３０億立方メートルとされていますが、このうち１４０億立方メートルがトルコ

１９０５年の第1次ロシア革命でデモを組織。17年の二月革命では赤衛隊を率いて活動。党中央委員会委員、陸海軍人民委員、革命軍事会議議長等を歴任。

国内の消費に回されると、トルコ側は期待しています。トルコは2014年には480億立方メートルの天然ガスを消費していますから、その約3割相当が安い価格でロシアから入ってくるのは大変ありがたい。ただ、表面的にはトルコによるロシアガスへの依存に見えるかもしれませんが、ここから先がまたエルドアンの端倪《たんげい》すべからざるところなのです。プーチン大統領が6パーセントの割引価格と明言しているのに、エルドアンはさらに15パーセントの値引き要求をしているらしい。これはしきりにトルコのメディアで流布されている話です。

そしてもう一つ、ロシアで重要なのは原発ですね。トルコの地中海に面した都市にメルスィンがあります。そこにロシアの企業『ロスアトム』が進出しようとしている——。

佐藤　元首相のセルゲイ・キリエンコ[*8]が社長をつとめている国営会社ですね。

山内　ええ。そのロスアトムが、200億ドル相当で原発を建設する計画が進んでいるんです。原発と、先ほど触れた「土流」計画は、ほとんど同時並行して進められているわけです。ですから、EUやアメリカが撤回させたブルガリアをハブとする「南流」計画は挫折したかもしれないけれども、そのことでか

＊8　セルゲイ・キリエンコ
1962年生まれ。エリツィン政権でロシア首相、プーチン政権では沿ヴォルガ連邦管区全権代表を歴任。2007年にロシアの国営原子力会社「ロスアトム」社長に就任。

えってロシアやトルコは別のルートを模索し、アメリカやEUユーロ圏に対して一線を画すところにまで至っています。もう少し説明を加えると、トルコのロシアへのエネルギー依存が高まっていることは間違いないが、ロシアもまた戦略的に見てトルコを抱え込まなければいけない状況にあることは確かなのですね。いずれにしても、単純にロシアが国際情勢で孤立しているという見方はトルコとの関係だけを見ていても当てはまりません。

佐藤　しかし、トルコを経由したかたちになっても、ブルガリアを経由したかたちになっていたとしても、南欧という地点からすると、このパイプラインが通るところは、トルコからギリシアに――。

山内　ギリシアの国境ですね。

佐藤　ギリシアを通って、いずれにせよブルガリア、それからセルビアを通る。

山内　ただ、トルコが関知するのはギリシア国境までになる。しかしトルコは、この「蒼流」の新規まき直しとしての「土流」がうまくいけば、ギリシアやEUユーロ圏を牽制したり、バーターをもちかける材料にはなります。

佐藤　となると、安定的にセルビアなりブルガリアに天然ガスが供給されるようになるということは、中長期的なところで見たときに、ロシアである概念で、

「宗教的に近い、精神的に近い民族」ということから考えると、ロシアの南下政策には大変貢献するわけですよね。

山内　そこで最近のギリシア情勢の行方が注目されるわけです。結局、ブルガリア正教、セルビア正教、ギリシア正教といった正教世界に関わるロシア正教の歴史的意味も問われるかもしれず、すこぶる面白い歴史がこれから展開されるかもしれません。

佐藤　ドイツの本音としては何を考えているのでしょうか。なぜこのサウスストリームに対して——結局、結論からすると、ドイツはどっちでもいいのかもしれませんね。

山内　ドイツの本音は、もっと別の観点からも考えられるでしょう。それは、エマニュエル・トッド[*9]のいう「ドイツ帝国」やジェームズ・リカーズの「新しい帝国」という視点を入れると見えてくるのではないでしょうか。ドイツはイランとギリシアとウクライナの危機の裁定者として、国連安保理常任理事国の英仏を凌駕《りょうが》する存在感を発揮しています。ドルを犠牲にしたユーロ発展と提携したドイツのリーダーシップと先見性を高く評価するか、ユーロがドイツの利益に奉仕する貨幣に成り下がったか、見方は分かれるでしょう。しかし、ギリ

---

*9　エマニュエル・トッド　1951年生まれ。フランスの歴史人口学者、家族人類学者。国家や地域ごとの家族制度の違いや人口動態に着目する方法論によって著作『最後の転落』でソ連崩壊を、『帝国以後』でアメリカ発の金融危機を、『文明の接近』でアラブの春を言い当てた。『デモクラシー以後』では自由貿易が民主主義を滅ぼす可能性があると指摘している。

シア人にギリシアのユーロの価値をドイツのユーロの価値と同等に考えさせる幻想を与えたドイツも罪深いところがある。ウクライナにしても同じです。ガリツィアなどのファシストや極右の超国家主義者をあたかも民主化の旗手であるかのように仕立てたのは、ウクライナをギリシアのようにドイツ商品の輸出圏にしてロシアの影響力を排除する狙いからでしょう。

佐藤　逆にトルコを通させてしまうことで、トルコをロシアに寄せてしまう結果になる。アメリカにはそこまで読めていないんでしょうね。あと、トルクメニスタンから持ってくるという、ナブッコ・パイプライン[*10]はどうなっているんですか？

山内　2009年7月には、トルコ、ルーマニア、ブルガリア、ハンガリー、オーストリアの5カ国間の合意が成立し、後からドイツを加えた6カ国のコンソーシアム（共同事業体）が発足しています。いまのロシアとの絡みで目下トルコのほうでは進捗《しんちょく》しているという話は聞きませんね。あれは当然、カスピ海の下を通すんでしょう？

佐藤　そうです。

＊10　ナブッコ・パイプライン　中東のカスピ海周辺で採掘される天然ガスを、ロシアを経由せずにEU諸国へ輸送することを可能にするパイプラインを指す。トルコからブルガリア、ルーマニア、ハンガリーを経由する。

CIAはなぜメルケルの携帯電話を盗聴したか

佐藤　ところで最近のウクライナの動きは、ISと連動していると思うんです。というのは、メルケルは以前から、ウクライナ問題で早く手打ちをしたいと思っていた。オバマのやり方では二正面作戦になる。メルケルから見てもオランドから見ても、アメリカは敵と味方をちょっと間違えているような感じがしていたのでしょう。ロシアを敵にしてイランを味方にしている。とんでもないものと組んでいるんじゃないかと見えたと思うんですよ。

山内　本当にそのとおりで、急いで手打ちを図ったことの隠れた原因は、アメリカです。オバマ外交の頓珍漢さでしょう。アメリカのやり方では、イランと妥協して、結局、イランの核武装まで認めるような方向に行ってしまいますね。それはイスラエルだけではなくトルコにも大変ですし、湾岸諸国にとっても大きな脅威となるでしょう。同じことがやはりロシアとの関係で起きはじめています。ロシアを敵と考えるのは自由だとしても、それでは果たしてイランは味方なのかと。ここでずるく立ち回っているのがドイツだということが日本ではわかっていない。EUのモットーたる「多様性の統一」はドイツの指導性で実現するというリカーズの主張は、共通通貨ユーロのせいで平価切下げを構造的に妨げられ、ユーロ圏ではドイツの輸出が一方的に伸びる空間になった事実に照らすと全く楽観的にすぎます。日本人のドイツ観も偏《かたよ》っています。メルケルの第一優先は新規市場の開拓であり、中国とイランは大事な顧客になります。イラン合意についてのイスラエルやサウジアラビアの反発は、アメリカに向けさせればよいし、中国の市場を得るには日本を平気で踏み台にしますからね。日本の国民は文句を言わないから(笑)。ドイツのAIIB参加は恥も外聞もないものでしたが、必ずツケが回ってくるでしょう。ドイツをアメリカと比べて善意の持ち主でもあるかのように考える識者が日本には多いが間違っています。文化的親近性の問題をすぐ政治に置き換えるのは、中国への姿勢と同じです。福島原発の事故のときに真っ先に東京から逃げ出した大使館はドイツとフランスだということを忘れてはなりません。根本的なところでこの二国は日本にとって信用ならざるところがあります(笑)。

佐藤　私も同意見です。ところで、その先で出てくる、ちょっと陰謀論じみた話になりますが、第四章で触れたボリス・ネムツォフはどうして殺されたか、ということです。ネムツォフという人物はとんでもない嘘つきですから。私はよく知っています。

山内　日露関係に仇をなした人間だと、佐藤さんは以前から言っていましたね。

佐藤　平気で嘘をつきます。これは鈴木宗男氏が2008年9月に提出した質問主意書でその真偽を追及したのですが、ネムツォフは同月17日の北海道新聞に対して、「エリツィンが北方四島をすぐに返すとクラスノヤルスクで橋本に言ったんで、俺が必死に止めたんだ」と、1997年にクラスノヤルスクで開かれた日露首脳会談への自身の関与を語った。その答弁として、当時の麻生総理が「そんなことはない」と言っていますが、ネムツォフの発言は大嘘なんです。そんな事実は全くなかった。繰り返し、強調しておきますが、この人は平気で嘘をつく。

ネムツォフ殺害に関して、西側ではロシアが殺したのだという話になっていますよね、ただ、プーチンに殺すメリットはないんです。こんな影響力もたいしてない人間を殺害する理由がない。ネムツォフ暗殺について想定されるシナリオが三つあると思うんです。まず一つ目は西側が言っているロシアが殺したという説。狙いは当然、ロシアのイメージを悪くするためです。二つ目は、ウクライナあるいはアメリカが一枚嚙んでいるかもしれないという説。三つ目はマフィアの利権抗争に巻き込まれたという説。ウクライナの紛争を長引かせることができれば、紛争が続くことで武器の売買がずっと行われますからね。混乱地域には様々な利権が交錯している。

日本のYouTubeにも上がっていますけれども、殺害現場の防犯カメラに一部始終が映っているんですよね。

山内　除雪車ですね。

佐藤　除雪車の後方から来た車が歩道を歩いていた女性連れのネムツォフを6発撃って4発当たっているんですが、ガールフレンドのウクライナ人には1発も当たっていない。

山内　あの女は何者なのかということなんですね。いったい、どこの回し者なのか。

佐藤　ロシアの連邦保安庁はいま、容疑者を捕まえて相当厳しく尋問しましたが、赦放しました。この女性はウクライナに帰国しました。ただ、この件がロシアの陰謀と見られてしまうことには、ロシア自身にも責任の一端はあります。どういうことかというと、「気に食わないやつが殺されてもとくに調べない」

という伝統がプーチン政権の下でついてしまっているので、いかにもロシアがやりそうだという雰囲気が醸し出されてしまうわけです。いずれにせよ、今回のウクライナの紛争をめぐっての、これを止めるべきか止めないべきかということの大きなゲームのなかで起きたエピソードだと思うんですよね。

山内　チェチェンでの前歴もありますからね。

佐藤　そこの主要なプレイヤーもＩＳであるということが、暗殺とか陰謀であるとかいう筋読みが出やすい理由でもあるのでしょう。

山内　主要なプレイヤーにＩＳがあるというのは、ＩＳの軍事部門のリーダーにロシアから亡命したチェチェン人の内戦経験者も多いことと無縁ではないかもしれない。

佐藤　その要素もあります。しかし、より重要なのは、政治的評価です。西欧側のほうで、ＩＳを主敵とするのか、ＩＳとロシアとどっちがより悪いかという、比較があるのだと思うんです。

山内　わかりました、おっしゃる意味が。欧米はかつてチェチェンを切り捨てたように、チェチェン人のいるＩＳなどは最初から理解する気もないということだ。

佐藤　そういうことです。あと最近、個人研究として、メルケル研究がすごく重要だと思うんです。メルケルは旧東ドイツ出身で反共だと見られているのですが、メルケル自身の生まれは実は旧西ドイツのハンブルクですし、父親は西から東に来ているのですけれど、プロテスタント教会の牧師を務めています。プロテスタントの教会組織は、東西一体だったんですね。60年代末で分かれているんです。そのときにメルケルの父親は西に帰る選択肢もあったのですが、あえて東にとどまった。つまり、東ドイツの共産主義体制に近いんです。政治的にも東ドイツのキリスト教民主同盟に所属していた。メルケル自身は、ドイツ社会主義統一党（共産党）傘下の自由ドイツ青年団という団体のメンバーでした。通常、牧師の娘は自由ドイツ青年団に入りません。しかもメルケルはロシア語が極めて堪能。東西ドイツ分裂後にキリスト教民主同盟に入っている。そうした経緯からアメリカのＣＩＡは、おそらくこれは加入戦術だと見ていたのでしょう。２０１３年に発覚したＣＩＡによるメルケルの携帯電話の盗聴には、そうした背景があったと思われます。

山内　なるほど。私も彼女を相当な〝くわせ者〟〝曲者《くせもの》〟と見ています（笑）。あとで19世紀欧州外交の要だった東方問題については一言しますが、19世紀のビスマルクは東方問題に距離感をとっていたのに、21世紀のメルケル首相はウクライナからギリシア、トルコからイランに及ぶ「東方」に積極的な進出策をとっています。やや強い表現をすると、彼女の政策は「ドランク・ナッハ・オーステン」（東方への進出）ともいうべき側面をもっており、ビスマルクよりもヴィルヘルム2世のほうにセンスが似通っている面があります。トッドなどは、フランスのオランドもメルケルの第一副首相か「広報局長」の役割を演じているにすぎず、ドイツはアメリカも無視して中国とユーラシアで手を組むのではと推測しているくらいです。

私も、彼女の巧妙な点は、「新しい帝国」のドイツを表面に立てず、EUのためのドイツという大義名分あるいはP5プラス1[*11]の枠組みでギリシアとイランの問題に関与していることにあると見ています、とにかく、核を持たないドイツが核武装の問題について核保有国のP5と肩を並べて、いつのまにかイランとの協議当事国になったのは、もはやEUのトップは誰かということを満天下に示す結果となったといえるでしょう。同時に、中東和平問題においては、かつてはドイツ以上の存在感を一時発揮していた日本がすっかりドイツの後塵《こうじん》を拝してしまったことでしょう。CIAがメルケルの電話を盗聴したのは、早

＊11　P5プラス1
国連安保理常任理事国（＝permanent menber）の頭文字P、5カ国（アメリカ、イギリス、フランス、ロシア、中国）にドイツを加えたものの意。

くからこの人物の危うい面を知っていたからともいえます。

佐藤　それで、こんな話があったんです。森喜朗元総理が2014年9月にモスクワに行く前にお会いしたのですが、そのときに先方と何を話したらいいかと聞かれたので、「プーチンが気にしているのは、2月に安倍総理と会ったあと、一度も安倍総理から電話がかかってこないことで、安倍政権はプーチンとつき合う気がないんじゃないかと思っているようです」と。そうしたら、森氏から「俺もそのことは気になるから、総理に直接聞いてみた。そうしたら『アメリカが盗聴しているから電話できないんだ』と安倍さんが言うんだ」という話だった。確かにアメリカは東京で盗聴をしていますから、それは事実なのでしょう。そこで私は「その話はぜひプーチンに直接してみるといいと思います。そのとき、外務省の通訳に（森さんから）『これは本国に報告しないでいい』と言ったらいいです。どうせ外務省のやつは報告しますけれども、それぐらい言っておいたほうがプーチンとの関係としては彼らも身に染みて感じてくれるでしょうから」と言いました。

それで、モスクワから帰国後の森氏に会いました。そうしたら「プーチンにその話を言ったら、プーチンがケタケタと笑った」と。「『メルケルと電話をしたあと、メルケルがこう言うんだ。今日の話はアメリカには連絡しないでいいよね、聞いているから』。だからプーチンも『うん、そうだな、よく聞いているから別に報告しないでもいいんじゃない？　と二人で言って笑うんだ』と言った」と。その結果、安倍さんの誕生日にプーチンから電話がかかってくるわけですよ。

いずれにせよ、僕がその話を聞いて思ったのは、巷間言われているのとは違って、プーチンとメルケルは非常に親密であるということ。プーチンはドイツ語を喋ることができますし、メルケルもロシア語ができる。あの二人は通訳抜きで会談できるんですよ。これはすごく重要なことです。しかも、一方の言語しかわからないと話の内容がずれることもあるだろうけれども、双方の言語を理解できているわけですから、お互いの考えをドイツ語とロシア語で確認できますからね。

アメリカは戦略のためなら過激派とも手を結ぶ

佐藤　この春のメルケルの来日は朝日新聞を訪問することが目的で、ついでに政治関係の行事をやるということになったらしいですね。500人ぐらいに絞って若い人を多く入れて、直接の意見交換をしたいとの要望だったそうです。それからメルケルのほうから編集局を訪問して、編集局の人たちと直接の意見交換をしたいと求めた。その前に同じく朝日新聞を訪れたフランスの経済学者トマ・ピケティ[*12]のときと同じように、日本の生の声を彼女は皮膚感覚で知りたいということですよね。朝日新聞の記者たちから聞き出したかったのは、日米同盟、日露関係に対する見解ですよ。あと経済もあるでしょうけれども。そうしたことからドイツ外交というものが頭をもたげはじめているんですね。これもISから玉突きで起きている現象の一つだと思うんです。

山内　日本人はメルケルの本質について警戒心がなさすぎますね。いまのギリシアからイランそしてウクライナにかけて生じている現象は、国際関係史における「新しい東方問題」の誕生であり、その主役は19世紀の英仏に代わってド

＊12　トマ・ピケティ　1971年生まれ。フランスの経済学者。パリ経済学校教授、社会科学高等研究院（EHESS）教授。2013年に出版した『21世紀の資本』は世界的なベストセラーとなった。所得格差拡大の実証研究は、リーマン・ショック後の世界経済危機で盛り上がった「ウォール街を占拠せよ」運動に多大な影響を与えた。

イツになったわけです。その文脈でメルケルの野心的外交を見なくてはなりません。ここで東方問題について簡単に触れておくと、いまドイツの事実上の金融制裁を受けているギリシアの1820年代の独立戦争にさかのぼります。それを契機にトルコに対する欧州の国々の干渉、各国間の競争・協調・同盟などのダイナミックな局面が継起し、それらを包括する枠組みとして使われた外交概念が東方問題でした。もっとも、大きく変わった点が二つあります。当時の「ヨーロッパの病人」はトルコであったのに反して、いまの「ヨーロッパの病人」がギリシアになったことです。ギリシアに同情すべき余地は少ないかもしれませんが、消費者としての購買欲や借金欲をそそったのが誰かという点も合わせてみておく必要もあるでしょう。

佐藤　バブル崩壊のときの貸し手責任と借り手責任のようなものですね。ドイツはギリシアが金を返すことができないとわかりつつも貸し付けて、ひと儲けしました。

山内　そのとおり。最近ドイツのハレ経済研究所が、ドイツはギリシア危機で1000億ユーロ（約13兆7000億円）の利益を得たと発表しています。安全資産のドイツ国債の需要が高まり、利回りが低下して価格上昇したから、危機がなかったと仮定した状態と比べると、２０１０年から15年にかけてドイツは国債の利払い費を１０００億ユーロ削減できたという塩梅《あんばい》なのです。このドイツのあざとさを見ると、ギリシアにも同情したくなる（笑）。ギリシアはドラクマという通貨の発行権を放棄することで最初から主権を制限され、財政政策へのＥＵユーロ圏官僚その実はドイツの干渉をこれほど許すとは思っていなかったのでしょう。このあたりをギリシアは19世紀のオスマン帝国の分裂やギリシアの独立から何も学んでいないのです。ＥＣＢ（欧州中央銀行）からのつなぎ融資や金融支援が約束されたといっても、「新しい東方問題」のもとでユーロ圏やＥＵという欧州統合国家からの離脱の可能性やドイツなどによる圧力をこれからも考慮する局面が必ず到来します。おおまかにいえば、ドイツはギリシアの離脱を是認し、フランスはＥＵの維持と強化のために否定する対立と競合がこれからも続きます。「ドイツのためのヨーロッパ」という性格が出てきたＥＵ統合の現実が見えてきた現段階にいたって、19世紀東方問題の主役の英国が、ドイツ主導のＥＵからの離脱を国民投票にかける意味がわかった人も多いでしょう。さすがに大英帝国として非ヨーロッパに軸足の片方を置いていたイギリスは、スターリング・ポンドを捨てるという選択をしなかった。この帝国的直感というのはさすがですね。

佐藤　イギリスは実念論の国ですから、理屈よりも、目には見えない直感でしか捉えられない事柄を重視します。

山内　「新しい東方問題」というのは、やはりISとは何なのかという問題にも密接に関係することになるでしょうね。ISが何かというのは、結局、ISをつくったのは誰なのかという問題になってくる。これはいわゆる陰謀理論にも関わってきますが、一つはCIA、MI－6、モサドの合作だという説があります。この説を打ち出したのは、笑い話のようになってしまいますが、イラン初の女性副大統領[*13]マースーメ・エブテカールのようですね。それから、[*14]オマル・アル＝バシールというスーダンの大統領。自分は国際刑事裁判所から訴追されており、訴追もMI－6とモサドとCIAの合作だったというのです。同じような陰謀からISをつくったという解釈なのです。

他には、サウジアラビアがつくったという説もあります。その説を唱えたのは、イラクの元首相ヌーリー・マリキです。それからイランがつくったという説もあります。シリア国民連合代表の[*15]アフマド・ジャルバンという人物は、反アサド派のなかではイランとも協調したほうですが、彼によれば「2014年

＊13　マースーメ・エブテカール　1960年生まれ。97年、ハタミ政権でイラン初の女性副大統領に就任、環境庁長官も兼任した。環境保護活動への取り組みが認められ、06年地球大賞を受賞。79年に起こったテヘラン米大使館占拠人質事件の際、大使館を占拠したイラン人のスポークスマンを務めた。

＊14　オマル・アル＝バシール　1944年生まれ。スーダン大統領、首相兼任。69年にクーデターによって軍事政権を誕生させる。93年に大統領就任以来、2015年の当選で6期目。西部ダルフールの紛争における集団虐殺への関与の疑いという戦争犯罪で、国際刑事裁判所（ICC）から逮捕状が出ている。

の夏にサウジがＩＳに対して支援を行った」と言っています。サウジがＩＳによるジェノサイドを促進させたとまで語っている。サウジはもちろん否定していますが、ＩＳの初期の段階では、サウジはじめ湾岸諸国の一部はどうもＩＳに梃子入れしていたことは間違いない。スンナ派を抑圧するアラウィー派のアサド政権への反発とそれを援助するイランへの牽制という主張なのでしょう。ＩＳ誕生をめぐる以上の論説は公平に言って決定的に正しいものはありません。

佐藤　イスラエルの連中はカタールの悪口をよく言いますね。「あいつらは迷惑千万だ」と。これも第二章で述べたことですけれど、「あいつらはみかじめ料を払っている。自分のところだけ、テロを回避するためにだ」と。そういう観点でカタールはハマスも支援するし、ＩＳも支援する。けしからんと怒っていますね。

山内　サウジアラビアも、カタールに対してけしからんと思っている。サウジとイスラエルは共通してカタールのことが面白くない。公然たるみかじめ料も大きな要因です。

佐藤　事実として、カタールはＩＳのテロの標的にされていません。

山内　また、アメリカの陸軍大将でウェズレイ・クラーク[*16]［Wesley Clark］

＊15　アフマド・ジャルバン
1961年生まれ。シリア反体制派の最大勢力「シリア国民連合」議長。反体制活動を行った罪による投獄を経て、国民連合の前身であるシリア国民評議会に参加。その後、シリア反体制派に武器を供与するようアラブおよび西側諸国に呼びかける仕事に携わった。

＊16　ウェズレイ・クラーク
元アメリカ陸軍大将。コソボ紛争の際にNATO欧州軍司令官を務める。CNNの番組内で「ISをつくり上げたのはアメリカの友好国と同盟国だ」と発言したことが波紋を呼ぶ。

という人物がいますが、クラークは、「我々の友邦かつ同盟国がヒズボラを破壊するためにISを財政支援した」と言っています。もちろんサウジアラビアを指しています。

さらに興味深いのは、キューバのフィデル・カストロの弟で[*17]ラウル・カストロが、「ISの支援国家はイスラエルだ」と明言していますが、これはさすがにあやしい。彼はイスラエルとアメリカのCIAとの合作ということも示唆していましたが、これからはアメリカとの国交正常化もしたことですから、さすがにトーンダウンするでしょう。抜け目のないのは、先ほどのクラーク将軍で、彼は悪びれることなく、「急進的なイスラーム過激派を支援することは問題ない。アメリカは戦略的目標のためにイスラーム過激派を利用することがあるからだ」と言っているんです。これは非常に面白い指摘です。さらに彼は「アフガニスタンでソビエトと戦うために、それを自分たちは使った。我々はそこに金を出すように、サウジアラビアに頼み、彼らはそれを出した」と。みんなが知っているとはいえ、これほど明快に謀略について公然と語るアメリカ軍当局の関係者も珍しい（笑）。

＊17　**ラウル・カストロ**　1931年生まれ。キューバの政治家。実兄のフィデル・カストロとともにキューバ革命を指導。フィデル・カストロが2006年に病に倒れ、ラウルが権限を委譲された。08年に国家評議会議長に就任。

中東におけるレッドラインの意味が変わった

山内　再びイランに話を戻します。そもそもは、2015年4月2日に、ウラン濃縮に関するローザンヌ合意[*18]ができたことから始まっています。

佐藤　そして、7月14日、ウィーンで、ローザンヌ合意をほぼ踏襲したウィーン最終合意がなされた。私が驚いたのは、遠心分離機を6000基も残しているということ。あと、ウラン濃縮をしていた地下工場を研究所として認めるということです。

山内　そのとおり、ナタンズなどのね。

佐藤　これは事実上、核開発施設をつくっても構わないという意味として捉えることができます。

山内　オバマ政権の意思力の弱さ、アメリカの中東政策の脆弱性を示していました。最大の問題は、サウジアラビアやエジプトといったスンナ派アラブの親米同盟国が、イランとのウィーン最終合意に大きな脅威を感じ、アメリカへの不信感を持ったということです。それから、シリア情勢と並んで、今回のロー

＊18　ローザンヌ合意
スイスのローザンヌで行われたイランと米・英・独・仏・中・露による交渉で、イランの核開発問題の解決に向けた枠組みに関して合意に達した。イランの保有する低濃縮ウランの98％を削減することや、すでに設置されている遠心分離機の数を大きく減らすことに合意することで、アメリカとEUはイランへの経済制裁を解除するというもの。

ザンヌ合意からウィーン最終合意へのプロセスでイエメン情勢が新たな展開を見せており、ロシアが息を吹き返してきていることです。いずれにしても、いろいろな局面に絡むかたちでISが厄介な存在として見え隠れしています。7月下旬に入ってトルコまでISへの砲撃や爆撃に参加するようになりました。

佐藤　ご指摘のとおりと思います。

山内　私は、核問題をめぐるサウジアラビアとイランとの関係が中東紛争の大きな軸になる構図に不安を感じますが、日本では最終合意歓迎といったアメリカとイランの筋書きに沿った報道や解説が主流になっていますね。

佐藤　例えば、「サウジ・パキスタン秘密協定というものが前提にあると、国際情勢やインテリジェンスの専門家や軍事専門家は見ている」ということを政治家に話しても新聞記者に話しても、最初はきょとんとしていますから。

山内　イランが核保有するとパキスタンの戦術核がサウジアラビアに移転するという話です。また、2015年3月、イエメンに対してサウジアラビアが航空兵力などで介入を始めた意味も大きい。

佐藤　極めて深刻な話です。

山内　これが意味するところは、イエメンのフーシ派、その支援国のイランがレッドラインを越えたということですね。普段は足並みの乱れが目立つアラブ諸国の首脳がエジプトのシャルム・エル・シェイクでアラブ・サミットを開くなかで、エジプトがアラブ合同軍の設置まで提案しています。オマーン以外の湾岸諸国は、これに対して共同介入というスタンスをとる意志を明確にしました。この意味でもレッドラインを越えたというのです。実はもう一つ、レッドラインを越えたのはイエメンのサレハ前大統領です。サレハは「アラブの春」を受けて放逐されましたが、国連安保理の調査委員会で報告された個人の蓄財は、円換算で7兆2000億円ほどだったことがわかりました。

佐藤　あれだけ貧困な国にもかかわらず。

山内　サレハの凄いところは、権力への返り咲きを狙うとなれば、イエメンの国益や国民の生活を破壊しても構わないどころか、宿敵だったフーシとも手を組み、イランにも秋波を送ったということです。これはサレハが越えてはならないレッドラインだったわけです。この禁じ手を、この間までアラブの最高首脳だった一人が犯したという点にサッダーム・フセインやカダフィーを生んだアラブ政治の入り組んだ構造を感じるのです。

佐藤　要するに、いままでのレッドラインがレッドラインではなくなってしまった。それどころかイエローラインですらなくなってしまって、勝手にラインが動いてしまうようになったということですね。

山内　結局、サウジとイランという軸をもう一回見ておく必要があるということです。その対決構造には三つの問題があります。まず一番目は宗派性に起因する政治対立の問題。セクタリアン・クレンジングという言葉を第一章で使いましたが、宗派の差異は中東の政治的アイデンティティでもますます重要性を帯びています。

佐藤　アナロジカルに見るのだったら、日本ではひと昔前に新左翼による内ゲバの時代があった。その内ゲバの感覚と非常に近いですよね。

山内　スンナ派のなかでも同じような差異や対決が生じています。イスラーム全体の構図で見れば、スンナ派対シーア派、もう少し厳密に言うと、サウジアラビアはワッハーブ派であり、イランはシーア派の主流になっている12イマーム派という宗派間の政治対決構造が両国の間にはあります。ただ、考えてみると、サウジとイランの因縁というのは、1989年の冷戦の終結、ベルリンの壁の崩壊に遡《さかのぼ》るのです。その当時のモスクワで私は佐藤さんと知己を得て、そこのモスクやレニングラードのモスクに出かけ、若いムスリム市民や宗教者らと会うと、中央アジアやカフカースをめぐってもワッハーブという名前が頻繁に出てきましたね。ソ連末期にすでにサウジが「忘れられたイスラーム」を援助をして暗がりからソ連のムスリムを表の世界に出していく。そのいちばん戦闘的な若者たちがもともとソ連でワッハーブと通称されたわけですね。他方、イラン発のホメイニ革命が湾岸のシーア派地域に次いで、中央アジアへと伝播《でんぱ》していく。こういう構図のなかで、イスラーム革命の輸出とサウジアラビアのワッハーブを介した防御の構図が湾岸地域だけでなく、ソ連末期から崩壊期にかけての中東アジアとカフカースで形成されました。この構図がまた新しい時代に応じてかたちを変えて出てきていると見ることもできます。

ともかく、イランとサウジアラビアとの宗派的差異と絡む政治対立が地域の安全保障構造を変えるローザンヌ合意やウィーン最終合意をめぐってさらに深まる様相を呈しています。しかもアメリカ、イスラエルを巻き込み、トルコやエジプト、パキスタンといったスンナ派有力国を「脇役」にしながら進行しているドラマが非常に深刻だといえましょう。

佐藤　ロシアは、とにかく中東のワッハーブ主義の影響が国内に及ばないようにすることに全精力を傾けています。

山内　二番目は、民族言語の問題です。民族言語的に言うと、一方は二大聖地を持つアラブ・スンナ派の代表であり、古典アラビア語圏の揺籃《ようらん》の地を自負するサウジアラビアです。他方は古代のアケメネス朝以来の世界帝国であるペルシア語圏のイラン。この誇り高い両者の民族や言語の相違というファクターも無視できないものです。

それから三番目が、やはりイデオロギーと現在の安全保障上の構造だと思います。先ほど言ったサウジのワッハーブ主義、イランの12イマーム派のホメイニー主義という独特な政治化されたイデオロギーが対決構造を複雑化させています。また、それぞれの国がアメリカとの関係をどう考えてきたかという問題がある。サウジアラビアはアメリカの中東における最大の同盟友好国でしたが、イランは最大の敵国であったのに、この構図が大きく変わろうとしている流れが出てきた……。

佐藤　おっしゃるとおりです。この構図を押さえておくことが国際情勢を理解する鍵になります。

オバマ政権は感覚的にイランに近い

山内　オバマ政権はある意味では非常にプラグマティック（実利主義的）な面があります。そこで、中東地域でいちばん確か［reliable］な、そして安定した［stable］政権はどこかというと、不愉快ではあるけれども、選挙で政権交代もあるイランの体制ではないかとオバマ政権は見ているところもあります。イランはアラブよりも国内的に安定していると考えれば、脱イデオロギーで実利主義のオバマ政権にとって、感覚的にイランとの妥協は無理がなかったのではと思うのです。

佐藤　よくわかります。もう一つのポイントはロシアで、結局、ヨーロッパとアメリカの最大の差は、ＩＳとの戦いにおける同盟国をどこに定めるのかにあります。少なくとも、好意的中立に手を携えていかなければならない国をどこにするかということにおいて、ヨーロッパはロシアなんですね。それで、イランに対しては相変わらず懐疑的である。

山内　ましてＩＳそのものには当然、もっと敵対的である。

オバマ大統領からすればシリアでのレッドライン外交の他、米国の中東戦略を台無しにしたのはプーチン大統領という考えだろう。

佐藤　はい。ですから、アメリカのオバマ政権はそれに対して、山内先生がすでにお話しになられたシリアとの経緯があるので、オバマからすればアメリカの中東戦略を台無しにしたのはプーチンであるという考えでしょう。それで、シリアにおけるレッドライン外交をできなくしたのはプーチンのオペレーションだ、けしからんと。だからアメリカはロシアとだけは組まない。その立場からすると、アメリカとしてもＩＳとの戦いで地上軍をいきなり出すわけにはいかない。さらに、アメリカにしてみれば、サウジアラビアに対しても疲れが出ていると思うんです。いくら同盟国であるとしても、２０１３年10月の国連安保理における非常任理事国に立候補して選出されながらも就任を辞退するという、あの立ち居振る舞いはなんだと。それから価値観という事柄にしても、王族は本当にＩＳやアルカイダとつながっていないのかと。

ところで、アメリカに関して私が非常に驚いたのは、日本の新聞報道において、米国議会でのネタニヤフ演説や、それに対するオバマの反応に関する報道量が極めて少なかったことなんです。

山内　イスラエルをほとんど無視する新聞もありますしね。

佐藤　だから最近では、ウォール・ストリート・ジャーナルの日本語版を電子で購読するようにしています。CNNをはじめとする重要記事をほとんど訳してくれます。日本語で読むほうが楽ですからね。この新聞を読むとよくわかるのですが、結局のところ、アメリカはいくら圧力をかけようともイランの核開発を止められないじゃないかという諦念《ていねん》が根底にあるんですね。

山内　オバマにしてみれば、レームダックの期間を乗り切ればいいのでしょう。そしてケリー国務長官は、イランやキューバとの関係正常化の功績でノーベル平和賞を獲得できればよい（笑）。

佐藤　ええ。それだけなんですよね。そうすると、今後、もしイランが核を保有するようになった場合、中東における連鎖、パキスタンからサウジへの移動、さらにはアラブ首長国連邦やオマーン、カタールなどがイランから核を購入する可能性も出てくるし、エジプトが核を独自開発する可能性も高まってくるのではないかと。このあたりがオバマには全然見えていないのではないでしょうか。

山内　ヨルダンやトルコも核を持つ危険をはらんでいる。

佐藤　そう思います。それからさらに進めば、NPT体制は崩壊します。そうなったところで、日本にとっていちばん面倒なシナリオは、韓国の核保有だと思うんです。朴正熙[*19]時代でも韓国は核保有をしようとした過去があり、それをアメリカが圧力をかけてつぶした経緯があるわけです。韓国が核を保有し、それをバックに、日本に対して歴史認識問題や慰安婦問題と竹島問題を自らに都合の良い解決を行うように要求してくるというシナリオだって十分考えられます。そういう大変動をもたらす外交カードの一つとして各国が核を平気で使うことができるようになる、こういう時代への扉をオバマは開いていると思うんです。

山内　ネタニヤフが警告を発しているのは、結局そういう核地獄という釜《かま》の蓋《ふた》を開けてよいのかという点でしょうね。

佐藤　それと同時に起きたことが、3月18日がロシアによるクリミア併合1周年であり、その前の数週間、プーチンがあえて姿を消したということでした。西側ではいつものように、プーチン重病説とか再起不能説とかさんざん報じられたのですが、それを覆すように、プーチンは15日の「クリミア、祖国への道」というロシア全国放映のテレビ番組に沈黙を破って登場した。そこで彼は、クリミアでは実は核応戦体制を整えることについて考えていたということを語る、まさに劇的な演出を見せたわけです。しかもその6日後には、ミハイル・

＊19　朴正熙
1917～1979年。韓国の元大統領。61年の軍部クーデターで軍事政権を樹立。63年から大統領就任。韓国国内の猛反対を押し切り、当時の佐藤栄作総理と日韓基本条約を締結し、日本との国交正常化を決断した。第18代となる朴槿恵大統領は次女。

ワーニンという駐デンマーク大使に「もしMD（ミサイル防衛）計画にデンマークが加わるならば、デンマークの艦船はロシアの核攻撃の対象になる」と、地元紙に寄稿させている。核カードを使うということを明言しはじめているんです。この禁じ手を公言するということは、外交ルールの大規模な変更につながっていくと思います。それに対して国際社会の反応は極めて弱いですね。

山内　あの見得を切ったのは驚いた。プーチンの核カードに関しては、いずこも反応が弱かったですね。日本の各紙やテレビは核問題を外交リアリズムで取り上げることを嫌いますからね。プーチンが千両役者だということを否定的にも分析したくない（笑）。

佐藤　ですから日本外交の観点からしても、プーチンがこの発言をした状況で、果たして2015年内のプーチン訪日について議論すること自体がよいのかどうなのか……。

山内　さらに言えば、プーチンの来日からどういう利益を日本は得られるのかということですね。一般論で言うと、プーチンの訪日自体、決して悪いことではないでしょう。

佐藤　それこそ日本が「クリミアを黙認するから北方領土を返せ」と取引する

ことでもできるのだったらともかく、それはやはり国際環境からしても、日本政府の外交の振れ幅からしても、そういう取引外交はできないでしょう。

山内　クリミアと北方領土のバーター取引などは、コールやメルケルのドイツならできるかもしれないが、ゴルバチョフの変革期に動けなかった日本の外交シナリオの弱さではむずかしいのでしょう。ところで、クリミアに単独で向かった鳩山由紀夫氏はバーター的な働きかけを意識していたのでしょうか。

佐藤　おそらく意識しているでしょう。

山内　そうであるならば、鳩山氏ももっと論理整合的に語っていれば、また少し世論の受け方も違ったかもしれませんね。

佐藤　しかし、それだったら少なくとも外務省や官邸とは渡航前にそれなりに話をしたうえで向かわなければ駄目です。個人プレーでどうこうできる話ではないですよ。

山内　誰があいうシナリオを描くのでしょうか。大胆というか、無鉄砲というか。それに今度の韓国での[*20]〃土下座事件〃……。

佐藤　元イラン大使の孫崎享[*21]氏もアドバイスしていると思いますけれど、大きな絵図は描けないと思います。鳩山氏ご本人の考えと思います。鳩山氏はやは

＊20　韓国での〃土下座事件〃
２０１５年8月12日、韓国を訪問中だった鳩山由紀夫元総理は、日本の統治時代に韓国の独立運動家たちを収監していた西大門刑務所歴史館を訪れた際に、慰霊碑に献花した後、碑の前に敷かれた黒いマットの上に靴を脱いで正座して合掌し、深く頭を下げて謝罪を言葉を繰り返した。西大門刑務所は韓国では抗日の象徴とされている。

り決断理論の専門家ですからね。それこそマルコフ連鎖確率[*22]を使って――。

山内　それは、役人の知恵とか度胸よりも、鳩山氏の思い込みや情念のほうがよほど思い切った行動が取れるということ……？

佐藤　そう思います。思い切れるということと、彼のなかにある強力な反米、嫌米感情ですね。安倍総理が祖父の岸信介元総理への思いを持っているように、鳩山氏も祖父の鳩山一郎氏への思いを持っている。

山内　特にソ連に関してはですね。

佐藤　鳩山一郎氏は戦犯指定されていますからね。公職追放でホワイト・パージを食らっています。そういったことを含めて複雑な思いがあるわけでしょう。単なる愚か者ならば大して心配することはありませんが、鳩山氏は決してそうではないから面倒くさいんです。あと、やはり自分の息子（紀一郎氏）を長期間モスクワに置いているというのも考慮しなくてはならない要素です。

山内　日本と領土問題や平和条約の問題で緊張関係にあり、公式にはまだ戦争状態が終結していない国に、現役の首相が息子を留学させていたわけですからね。濃密な諜報筋も含めた人間関係にからめとられる危惧を一国の最高首脳が持たないというのは特異すぎます。

＊21　孫崎享
1943年生まれ。外務省入省後、駐ウズベキスタン大使、国際情報局長、駐イラン大使を務める。著書に『戦後史の正体』『アメリカに潰された政治家たち』『小説外務省　尖閣問題の正体』他。

＊22　マルコフ連鎖確率
ある確率法則に従って事象が進行する場合、現時点の状態だけに依存し、過去の履歴には無関係に展開していくとする理論。遺伝学、社会科学などに応用される。

佐藤　江戸時代の大名を総理に置き換えて考えれば、自分の息子をどこかの国の城に入れているというのは明らかに不思議な話です。でも、あの息子さんは確か交通渋滞の専門家でしょう？　交通渋滞の専門家と、その父親が専攻していたマルコフ連鎖確率というのは理論的継承関係があります。マルコフ連鎖確率というのは意思決定論にも使えますが、実は天気予報と交通渋滞などにも応用することができる。かなり簡略な言い方をしますと、これはつまり、直近に起きたことだけを考えればいい、というものです。悪く言えばニワトリと一緒で3歩歩けば忘れる。過去の経緯はいらないわけです。それが実践的に見た場合、マルコフ連鎖確率の最大の特徴ですから。

ロシアとイラン間の「武器売買」

山内　2014年の段階でロシアはイランと共に、ある意味で制裁を受けたともいえるでしょう。ロシアはイランの制裁被害を助けるために、どうもルーブルとイランの通貨リヤルの直接決済を済ませるシステムをつくったといいます。つまり西側の銀行を介したり、ドルやユーロの決済をしないで済むやり方です。

原始的な手法に戻ったわけです（笑）。双方の通貨を使いながら石油と物品の現物取引交渉をするバーターを可能にし、２００億ドル規模の商いが成立したと言われています。

佐藤　ロシアとイランの間でどうもあやしいのは、表には出てきにくいんですけれども、武器売買があります。

山内　そうですね。物品売買のなかに武器が入っているのは否定できないでしょう。サッダームのイラクやカダフィーのリビアが消滅した後、ロシア製武器を買う国は減っていますからね。

佐藤　しかもその場合、兵器というのは表に出ている正規の値段がない。しかもロシアの場合、ＧＲＵ（ロシア連邦軍参謀本部諜報総局）が全部それを握っている。

山内　いわゆる軍の諜報機関ですね。

佐藤　ええ。そこで勝手にお金をつくれというシステムになっていますから、ものすごく危ないんですよね。

山内　２０１４年のイランの対露輸出は、20パーセントも増えているんです。これは国際的な制裁下にある国にとってはすごい伸び率ですよ。ドルやユーロを使わないで、ルーブルとリヤル、もしくは現物によるバーターで決済し合う関係だというだけではありません。基本的に双方ともにエネルギーをずいぶん持っており、イランのエネルギーインフラの拡大にロシアはずいぶん積極的な役割を果たしていますからね。さらにいま、ロシアからイランへの原子炉の追加提供の可能性もささやかれています。イランの電力生産などにもロシアの技術が入ろうとしています。ロシアの複数の会社がイランの石油やガスのプロジェクトに資金を提供することに関心を持っていることは、全然秘密ではないんです。

実際に、いちばん大きな構想としては、南東イランのパキスタン国境方面にバローチスターン地方というのがありますが、そこにオマーンを対岸に臨む場所までつなぐ300キロメートルの天然ガスパイプラインをつくる了解がロシアとの間で得られているというのです。現段階ではまだ拘束力を持つ公式の協定でなく、ロシアの会社とレターを交わすだけですが、一部については署名されたという話もあります。2年後にはこのパイプラインが完成すると、国営イランガス会社の総裁補佐官を務める実力者は語っています。

佐藤　恐ろしい話ですね。

山内　ええ。いまのところ、ロシアとイランの経済協力やこの種の合意やレターは、法律的、あるいは外交的に拘束力がないにしても、欧米に対する交渉や圧力のカードになり得るわけです。ロシアの狙うところは、結局、自分たちの協力がないとイランを効果的に制裁できないし、孤立させることはできないということを欧米に突きつけることだったのでしょう。その結果として、今度の最終合意も成り立ったという面もあります。

佐藤　そういうことだと思います。

山内　イランの核問題の解決を望むならロシアの協力を仰ぐべきだ、というメッセージをオバマ政権は無視ばかりを決め込めなかった。

佐藤　明白だと思います。それからまた、これは非常に面白いのですが、イランのプロパガンダ放送ですね。イランラジオは2015年3月1日、「ロシア駐在のイラン大使サーナイが、イランとロシアは700億ドルの貿易を行うことで合意した」と報じています。700億ドルというのは極めて大きい数字です。送金の簡易化に基づくものであることを非常に強調していますね。

山内　ブリュッセルのSWIFT（国際銀行間通信協会）を介さずとも、ロシアやイランといった反米・反EUユーロ圏の国は決済できる新しいシステムを考えているのでしょう。中国のアジアインフラ投資銀行（ＡＩＩＢ）構想も似たようなものでしょう。ドイツやフランスが先棒をかついでＡＩＩＢに加入したのは、市場の論理からでしょうが、中国の本質的に冷徹な反欧米の文明論と戦略構想を過小評価しています。それは、世界銀行やＩＭＦ（国際通貨基金）やアジア開発銀行とは別なルールをつくるという意志表示なのです。

佐藤　そのとおりですね。それに、イギリスあたりが抜け駆けをする可能性は大いにありますから。

山内　イランに対して？

佐藤　はい。要するに、ＡＩＩＢだって、イギリスが今度加盟しましたよね。それと同じようにして、イギリスはポンドという独自通貨を持っているので、ユーロとはまた違う論理で動くことができますからね。

山内　アングロ・イラニアン石油会社[*23]（［Anglo-Iranian Oil Company］＝ＡＩＯＣ）を継承したイギリスの石油メジャーＢＰ［British Petroleum］の植民地主義的嗅覚の鋭さは歴史で証明済みです。

佐藤　いまの段階で英露間に新たなグレートゲームが起きたっておかしくないわけですよ。イランに対するロシアの影響力が過剰になる前に、アメリカは影

＊23　アングロ・イラニアン石油会社
１９０９年にイラン政府が石油利権開発のために設立した「アングロ・ペルシアン」がその前身で、35年に改称されて「アングロ・イラニアン」となった。その後、アメリカの石油メジャーが結束して世界の石油市場からイランを孤立させたため、石油利権の持ち分は40％まで低下。54年にブリティッシュ・ペトロリアム（ＢＰ）に社名変更し、中東から他地域への転進を図った。

響力を行使することはできないんですから。となると、そこの隙間に西側がどこかで入っていかないといけない。そうするとイギリスが入っていくというのは非常に自然な動きです。

山内　歴史から見ても現実味のある見方です。ロシアの欧州研究者であるセルゲイ・カラガノフ[*24]がうまいことを言っています。彼は「イランは（その影響力に関して）基本的にアメリカと中国との間にある」と。つまり、アジアの将来はかなりのところでイランがどこを同盟国として選ぶかにかかっているということです。しかし、イランが自分の立ち位置を窮屈にするかたちで、特定の国家と単純に一元的な同盟を組むことは私には考えづらい。中国を相手にしても、同盟というレベルでは組まないと思います。

佐藤　イランはロシアの怖さを十分わかっているのだと思います。それこそ、アゼルバイジャン州あたりで何をやられるか。ロシア赤軍にペルシア帝国時代の領土であったバクーを陥落された歴史の苦い経験もありますからね。それからイギリスの怖さも十分わかっている。だからイラン全体として核大国にならなければいけないという意識が働くわけです。だからイランを考える場合、第一章からの繰り返しになりますが、12イマーム派のシーア派国家としてのイラ

＊24　セルゲイ・カラガノフ
1952年生まれ。ロシアの政治学者。ロシア国立高等経済学院（HSE）政治学部長。ロシア大統領室外交顧問などを歴任。アメリカの外交専門誌「フォーリンポリシー」が2005年に選定した「世界100大知識人」にも名を連ねた。

ンということだけではなくて、やはりペルシア帝国の末裔なのであると。ペルシア帝国を復興していくんだという、この自己意識ですよね。これが日本の報道というか有識者のコメントでも、ほとんどうかがえないんです。

核大国化を望むイランの民意

山内　紀元前1世紀以来、古代のイランのパルティアやササン朝の中心地になったクテシフォンという古都があります。そこにあった玉座に関わる言葉が伝わっています。「王の玉座の下に」という表現です。従属した君主や外国の使節の着くべき席次を意味したのでしょう。仮に降伏か朝貢で中国やローマの皇帝が来るような場合や、中央アジアの遊牧民の族長たちが来貢したときに、玉座の「下」に彼らが座る席がつくられるという意味でしょう。これがイラン人の自己中心主義意識でありイランの「中華思想」ともいうべき世界認識なのです。この点に関する限り、最後の王朝国家パーレビ朝のラストエンペラー、レザー・シャー・パーレビ国王[*25]も一貫して変わりませんでした。1971年にアケメネス朝の古都ペルセポリスでイラン建国2500年祭典を開催したときが

*25　レザー・シャー・パーレビ　1919～1980年。イラン・パーレビ朝の第2代の王。イランの近代化を進めたが、イラン革命によって失脚した。

得意の絶頂だったかもしれません。古代から現代に至るまで各時代の衣装や装身具をつけて行列が延々と続いた光景を日本でも実況中継のテレビで見ていましたが、これだけの冗費があれば、民生ももっと安定するのに、と思ったものです。

　そして大事なことは、いまのイラン・イスラーム革命の指導者たち、ルーホッラー・ホメイニーからアリー・ハーメネイーに至るシーア派指導者たちも、イランの「中華思想」を決して捨てていません。これは基本的に変わっていないのです。

佐藤　そういうところにおいて、イランはゲームに対するルールを守る。特にハーメネイーに対する信頼感が国際的に高いと思うんです。[*26]マフムード・アフマディネジャード前大統領のようなポピュリストが選挙では出てくるんだけれども、ハーメネイーのような最高指導者がきちんと押さえているわけで、しかもハーメネイーたちを中心にして、[*27]ラフサンジャニ元大統領にしてもそうだけれども、利権構造を持っている。最終的にはやはりお金であったり世俗的なところに相当足がかかっているから、ゲームのルールの構築はむしろ可能なんですね。したがって、そこから生まれてくるのは、核兵器を持つのだけれども、

＊26　マフムード・アフマディネジャード　1956年生まれ。元イラン大統領。イラン革命において、学生指導者の一人としてデモ隊を組織。その後、革命防衛隊、テヘラン市長などを経て、大統領就任。核兵器製造につながるウラン濃縮を再開、「イスラエルを地図から消し去るべきだ」などと発言し、国際社会からのイランの孤立に拍車をかけた。

あくまでも抑止力としての核、使わない核ではないかと思うんです。

山内 イスラエルと同じだということですね。イスラエルは持ってはいるけれども、これみよがしに威嚇したり、圧力をかけることはないわけです。持っているか否かに関しても決して明言はしていない。そういう点で言うと、核にかかわるスタンスとしてはイランは大人の対応をする可能性が高く、北朝鮮とは異質なかたちになると期待したいものです。

佐藤 アラブの脅威というものに対する恐ろしさは、アメリカの国務省であるとかCIAのなかで拡大しています。となると、かつての図式になってくるわけですよ。アラブに対抗するためには、あの辺の民族的なというか、まだ民族以前の段階かもしれないけれどもエトニー（民族集団）的なものとして、テュルクとユダヤとペルシア、この三つを同盟国にするというのがアメリカの戦略で、イスラエルとの同盟もその一環であるわけです。例えば、イランの秘密警察サバック[*28]［SAVAK］なんていうのは、もともとイスラエルのコピーですよね。

山内 モサドやCIAが助言したのは事実でしょうね。結局、アラブの脅威なる考え方の下地には地政学がありますが、これからイラン・サウジ間の問題に

＊27 ラフサンジャニ　1934年生まれ。イランの宗教指導者、元大統領。2005年にアフマディネジャードに大統領選で敗れるまで大統領を2期務めた。対米強硬派で、アメリカを酷評し、当時のブッシュ大統領から「悪の枢軸」「テロ支援国家」などと非難された。

＊28 サバック　1957年に設立されたイランの秘密警察。イラン国内における国王の政策への批判や反対姿勢に対して過度の取り締まりを行った。多数の政治犯が逮捕、投獄され、処刑された者もいた。

なるとすれば、中東地政学はまたオバマの思惑とはちょっと違ってくるでしょう。サウジはイランを直接軍事的に攻撃する力を持たないし、たぶんその意思もないでしょう。ダミーで各種の組織を使うのは別ですけれども。しかし、イランはサウジを攻撃することもできるし、その気になれば湾岸の小国を解体することはできます。この違いは大きい。

佐藤　状況によっては、自分たちがメッカとメディナの管理者になることができるということが出てくるわけですから。

山内　このサウジとイランの非対称性について、アメリカは十分わかっていません。スンナ派のアラブとは何かということを、オバマはシーア派のイランとの関係で十分理解しているとは言えないでしょう。

佐藤　重要な御指摘です。それから、あともう一つ比較しないといけないのは、民主主義の成熟度だと思うんです。要するに、必ずしも民主主義がプラスであるということではなくて、イランにおいて民意が反映される独自のシステムがあって、その民意が核大国であることを望んでいるわけですよね。

山内　そこなのですね。結局、サウジにとって心強いのは、イエメンの問題もそうだしウィーン最終合意もそうだけれども、アフガニスタン、パキスタンというイランを牽制するスンナ派国家が存在することです。核開発の問題だけではなくて、イランを牽制する意味で言っても、サウジアラビアは最初からターリバンを承認した三カ国の一つですからね。ターリバンはイランに対して絶対妥協しない障害物として存続します。ターリバンが決して消えないアフガニスタンの地政学的重要性の再認識がもう始まっています。

佐藤　承認したのは、たしかサウジとア首連（アラブ首長国連邦）とパキスタンだけでしたね。

山内　そうでしたね。新しい地政学的な構図のなかで、イスラエルはいちばん衝撃を受けたと同時に、ある意味ではワイルドカード（特殊な役割）を握ったとも言えます。テヘランの政権に関するイスラエルの定義は単純明快です。それは、シーア派ファシズム政権ということなのでしょう。核を持った瞬間に、イスラエル最大の悪夢は自国の600万人のユダヤ人を殲滅する力を許してしまったという後悔の念を持つことでしょう。そうならないようにどうするか。この点にイスラエルの重要な一手が潜んでいるのですが、この点はあまり議論されていない。

佐藤　これがアフマディネジャード政権のときには、核というものに対して

「意思」と「能力」の双方がつくのではないかという不安が相当強かった。ところがこれがロウハーニー体制になって、能力はつきつつあるが、意思についてはカギ括弧に括られるようになった。ただし政権が代われば国家意思も変わる。

山内　そう。イランは1980年代のイラン・イラク戦争＊29で100万人が犠牲になっています。逆に言えば、有事においては100万人の自国の兵士が死ぬこともいとわない体制なのですね。

佐藤　死屍累々《ししるいるい》ですけれども、戦いのなかでは多くの犠牲を伴いながらもイラク領に少しずつ入っていったわけですからね。

山内　イランについて、ちょっと遡って考えてみましょう。6世紀に話は遡ります。それはイエメンから当時のササン朝イランの首都クテシフォンに援助を求めた使節が来て、アビシニア、つまりエチオピアの軍隊の侵入を撃退するためにイランから援助を求めたのです。そして、イエメンからの使者に対して、ササン朝は称号を贈って労をねぎらった。そして、いまの革命防衛隊のガーセム・ソレイマーニー司令官にあたるような人物に600人くらいの兵力を付けてイエメンに送り込むわけです。ところが、その司令官本人は仕事が終わっても祖国に

＊29　1980年代のイラン・イラク戦争　1980〜1988年。発端となったのは、80年に開始されたイラクによるイラン侵略だが、戦局は逆転し、イランがイラク領土へ侵攻した。イラン革命の拡大を危惧した周辺諸国及び地域外の大国はイラクを支援。安保理の停戦決議を両国が受諾して戦争は終結した。長距離ミサイルを撃ち合うという史上初のミサイル戦争となった。

帰らずにイエメンで王朝をつくり、ヒムヤル朝が誕生する。イランによるイエメンへの関与はそれ以来の因縁になります。ところが、この関与が少し経って薄まってしまった。

佐藤　なるほど。だから12イマーム派でもないところになぜあそこまで一所懸命行くのかというと、むしろペルシアからの文脈で見たほうがいいんですか。

山内　ええ、その文脈も大事ということですね。話はもう一つあります。いまのフーシ、あれはシーア派の流れをくむザイード派の分派ですが、ザイード派はもともとカスピ海沿岸に故郷があるのです。イランで12イマーム派が力を伸ばすもっと前には、イラン全体がスンナ派で、シーア派は少数派でした。ザイード派はカスピ海の沿岸に集住し、スンナ派に圧迫されていました。イランの国教が12イマーム派になったのはサファヴィー朝ですから、16世紀初めにすぎません。ずっとその前、7世紀、8世紀ぐらいにどこかにシーア派を残せるいいところがないかと使者に探りを入れにいかせたら、北アフリカ、イエメンなどいくつかが候補地として挙がったのです。そのときにイエメンに来たのがザイード派との因縁の始まりです。イエメンとシーア派との関係はもともとからの因縁です。

それからイランのシャー・パーレビの時代に、ソ連流で訓練されたイエメンの陸海軍を改革する動きが生じたときに、イランのパーレビは軍事顧問を送っています。そのときに、宗教都市であるゴム［Ghom］にいたザイード派の教理に通じた法学者ことアヤットラー[*30]が、「ザイード派はシーア派だ」という託宣を垂れた。シリアのアラウィー派もシーア派だと託宣を垂れたのと同じやり方です。

佐藤　シリアのアヤットラーはレバノンの宗教者ですよね。

山内　レバノンの宗教者です。これは結構大事な点です。手続きを経ていまのアラウィー派も1960年代、ザイード派は70年代にシーア派として再認知される構図をとりました。ですから、イエメンとイランとの関係はきちんと歴史的に見ておく必要があるのですね。

ロシアの強い同盟者になれる国は中東にはない

山内　ここでも、私はやはりロシアが気になるんです。プーチンはイエメン問題にも介入しています。その理屈は、人道的な状況が介入や関与を要請してい

＊30　**アヤットラー**
シーア派宗教指導者の称号。

るというんですね。イエメンはもとよりシリアやウクライナに介入する論理や理屈でロシアが言う「人道的」とは何なのか。大変に興味がありますね。ロシアは、イエメンやフーシ派に梃子入れして、アラビア半島情勢へ積極的に介入しようという姿勢を示しています。この背景の一つとしてあるのは、GCC特にサウジアラビアのオバマ政権に対する不信感と、ローザンヌ合意とウィーン最終合意の結果との隙間にあるのだと思います。その間隙《かんげき》を、実にプーチンは見逃さないあたりが凄いのですね。

佐藤　そのとおりだと思います。ですから、ロシアのメディアはまさに人道的な観点から、サウジの空爆に対する批判のキャンペーンを張っています。それとロシアのアラブスクールの連中は、いま非常に元気な感じがするんです。彼らはイエメンに土地勘があるじゃないですか。考えてみれば、ソ連崩壊からまだ24年ですからね。ソ連崩壊にしても、ロシア人は即刻追い出されたわけではなくて、20世紀の終わりぐらいまでは結構、中枢にいたわけですから、彼らが縦横無尽に動いていたのはわずか二十数年ぐらい前の話なんです。そうすると、イエメンといったときにあの人たちはすごい土地勘があるんですよね。

山内　南イエメンですね。

佐藤　それでアデンの港あたりがそれこそわけがわからないような事態に陥ったとすれば、アデンがイランの、あるいはＩＳの影響下に入ってしまうことも考えられます。そうしたら大変な事態が勃発することになる。反対側のソマリアは海賊の拠点でもあるし。

山内　アデンにおけるソ連のプレゼンスについていえば、海軍の施設こそなかったにせよ寄留地だったことは間違いありません。ソコトラ、アデン、ムカッラー、こういうイエメンの南にある要衝に、ロシア海軍の影響力が及んでくれば、アメリカの地位も動揺しかねない。

それで結局、プーチンは、アメリカの動揺や、ＧＣＣにおけるアメリカの威信の弱まりを見透かして、すぐに国際政治におけるロシアの役割の復活、これをしかもサウジアラビアを含めたアラビア半島で図ろうとしているのです。しかし、実際問題としてロシアには弱い面もある。それはイランを除くと中東政治全体はもとよりシリア問題についてロシアの強い同盟国になる存在がないことです。ですから、アサド体制を援護したのと似たような限界が遠からず見えてきてしまう。シーア派がアラブ世界に打ち込む楔に主に依存して、果たしてどこまで行けるかという問題は残りますね。

佐藤　いまの先生のお話を伺って思ったのですけれども、知らず知らずのうちに、ロシアはシーア派に軸を置くようになっていますね。

山内　そのとおり。そうすると、ロシアのなかのスンナ派系のムスリム市民がどういう反応を示すかというのは興味がありますね。

佐藤　ロシアの国内のことで言えば、ソ連時代はある意味、安定していてよかったんですよ。独立前のアゼルバイジャンがあったから。シーア派の拠点が一つあって、アゼルバイジャンの重みがあって、あそこにイマームもいたから。ところが、それがなくなっている現在のロシアのなかで、シーア派というとアゼリーしかいないわけですよね。アゼリーも少数民族で、現在ではあまりロシアにいないですから。

これにはまた別の「四角形」と「三角形」の問題があって、ワシントン、アンカラ、バクー、テルアビブという四角形と、モスクワ、テヘラン、エレバンという三角形があります。その四角形のほうにアゼルバイジャンが入っていることからも、アゼリ人自身はロシアから減っているんですよね。余談ですが、だからモスクワにはアゼルバイジャンレストランが少ない。アルメニアレストランは山ほどあるけれども。

第3次世界大戦は始まっているのか

山内　ロシアのアラビア半島関与でいちばんの分岐点、ロシアにとってのレッドラインになる要素は何かと問うと、イエメン内政への外国の関与を認めないことでしょうかね。この点はアラブサミットに際してアラブ首脳たちに書簡でも伝えています。さらに、ロシアは人道的政策に限定していると安保理に出しています。しかし、最大の問題は、レッドラインが二つあるとすでに述べましたけれども、一つはサウジがイランの関与によってレッドラインを越えたからロシアが介入したという理屈もあります。もう一つはサレハ元大統領がフーシ派と手を組んで越えたというものです。さらに加えるなら、ロシアがフーシ派に対して武器の供与や援助を本格化すれば、それもレッドラインを越えることになると思います。ロシアもさすがにそれはしていません。やはり南イエメンという事実上の破綻国家がこれ以上悪化する怖さをよく知っています。南イエメンは旧ソ連圏であり、いまでもロシアは勢力圏と考えているのかもしれません。

イエメンでのサウジの作戦がこれから成功するかどうかについて微妙な点もあり、成功するとばかり断定できません。しかし、かなりのレベルでサルマン国王のサウジは腹を決めています。エジプト大統領時代のナセルが介入した北イエメンの革命戦争をサウジはかつて撃退している経験も大きい。しかもアラブ合同軍といった構想までエジプト大統領のシーシーから引き出している。オマーンを除いて湾岸諸国を支援することになると、私はいまのフーシ・イラン連合[*31]によるイエメンの掌握というのは、決して安定したものにはならないと思う。

そういうかたちでの介入経験と前例ができれば、Why not in Syria? という設問が必ず出されます。いまのイエメンにおける最終的な選択肢として、アラブの国々は、干渉戦術で腹を決めて成功したとすれば、「やればできるじゃないか」とシリアへの干渉にも自信を持つ可能性がある。そうした場合、ロシアは中東における利益をかえって損ないかねません。このぎりぎりの判断、つまりフーシに先走りしすぎて武器援助をする可否を、おそらくプーチンはかなり慎重に見ていると思います。

佐藤　わかります。それからロシアにとってはアサド政権の重要性と、あと、

＊31　フーシ・イラン連合　イエメンのフーシ派ゲリラと、その支援に回ったイランによる連携。イエメンとの戦闘は２００４年頃から始まったが、14年に首都サヌアに侵攻。２０１５年１月にはイエメンの大統領アブド・ラッボ・マンスール・ハーディーが辞任したことで、政府の実権を完全掌握し、クーデターを遂げた。

もう一つの要素があると思うんです。これも表には出てきにくいのですが、イスラエルとアサド政権とは、ある意味では尊敬し合う敵の関係にあるんですよね。

山内　そのとおり。私はその関係を「最悪ノ敵ニ非ズ、最愛ノ敵ナリ」と表現したことがあります。

佐藤　それゆえに、いまのイスラエルはアサド政権自体を嫌がっているのではなくて、アサド政権が弱体化することによって、イランの直接的な影響がシリアに強まって、結果、ヒズボラの影響が強まることを嫌がっているわけです。そうすると、実はロシアとイスラエルの協力関係は至るところであるんです。例えば、意外とみんな気付いていないのですが、ウクライナ問題に関して、イスラエルは対露制裁に加わっていないんですよね。

山内　確かに、加わっていません。

佐藤　それにウクライナの世論自体は、いまのウクライナ政権に対して冷ややかです。それはもともとウクライナ西部のガリツィアのウクライナ民族主義者によってマイノリティーであったユダヤ人がどれほど過酷な目に遭わされてきたかという歴史の記憶に起因します。自分たちの親とかおじいさん、おばあさんの世代の出来事なので、記憶に鮮明に残っています。それだけでなく、この先の流れを見たときも、ロシアがシリアから退潮してしまうと、イランとロシアのバランスは崩れて、イランの独壇場になってしまう。これはイスラエルにとって非常に困るんですね。それとあともう一つは、シリアのアサドが属しているアラウィー派が完全に崩壊して収拾がつかなくなってしまえば、そこにはＩＳが入ってくる。そうすると、新しい敵対のゲームのルールを組み立て直さないといけなくなってくる。

状況によっては、ゴラン高原だけでは足りなくて、本当に第５次中東戦争でダマスクス近郊ぐらいまでは保障占領しなきゃならなくなるかもしれない。

山内　この時点でいちばん憂慮されるのは、第３次世界大戦が中東から始まるということですね。そこに至る前提は、まさにいま佐藤さんが指摘されたように、第５次中東戦争が引き金になるということでしょう。ただ、第３次世界大戦をこれまでの戦争のように国家間関係における戦争行為としてだけ考えることはできないでしょう。

佐藤　もしかしたら、すでに第３次大戦は始まっているのかもしれませんね。

山内　ＩＳから波及して、北アフリカからボコ・ハラム、ナイジェリア、シナイ半島、イエメンもそう。それからアフガニスタン、パキスタンでも戦闘行為は起きています。

佐藤　さらに中央アジア、新疆ウイグルでも起きかねません。インドネシアやミンダナオ島あたりも危ない。

山内　インドネシアのイスラーム過激派は、もうＩＳに対して忠誠を表明しています。２０１４年12月に、次は日本が危ないという警鐘を、わざわざ獄中から発した過激派のリーダーもいました。このシナリオの特質は何かというと、第３次大戦が国家間の対称型の戦争や、正式に宣戦を布告して展開される戦争ではないということですね。すでに湾岸戦争やイラク戦争も、振り返ってみればそういうタイプだったのです。イラク戦争では降伏調印儀式も行われていない。

佐藤　積極的平和主義というのは、こういう国際社会の構造変化に対応する面がありますからね。

山内　とにかく、ＩＳに注意を払う日本人がいちばん見落としている大事なファクターは、サウジアラビアとイランという国家間の対称的な対立が密かに進行していたけれども、それが公然と表に出たという意味ですね。しかも、つい最近まで片方がアメリカの同盟国、他方は敵対国だったことですね。この点がいまの国際情勢における地政学的な変化の重要なポイントではないかと思います。

佐藤 全く同感です。その状況下で、実に悪いタイミングでロシアが入ってきて、負の触媒みたいな役割を果たすんですね。プロセスを加速したり、さらにはイスラエルが入ってくることにもなって。あとになって、「あれが第3次世界大戦の発端だった」と、この時代のことを語るようになるのかもしれません。しかし、そうならないように私たちは全力を尽くさなくてはなりません。

山内 だからこそ、日本人はもう少し大きな歴史の構造変化として世界の流動化現象を見ないといけないと痛感します。特に巨大な変動が現在のように起きているときは尚更でしょう。

あとがき

佐藤優氏との長時間に及ぶ対談を初めて経験した。短い対談や複数の人が入る座談会はこれまでもあったが、今回は話題が豊富で実に学ぶことが多かった。その理由は、氏の異数の現実感覚が独特な情報収集力に裏打ちされているからだろう。また、氏の説得力は、キリスト教を中心としたヨーロッパ的な教養の広がりや、日本の古典への関心に支えられている面も大きい。同時に氏が、かつてプルタルコスが注意した政治家のたしなみに忠実な点も好ましいところだ。佐藤氏は、政治家ではないが外交官として国策の形成に関わったことがある。プルタルコスによれば、政治家の大切な仕事は、どの外国に対しても、自国を必要以上に卑屈にさせず、足に枷《かせ》をかけた上に首まで軛《くびき》に差し出す事態をつくらないことだ（『モラリア 9』）。歴史認識はじめ大事小事に関わりなく万事を外国の判断に任せれば、世の中がうまくいくと信じる人は、政治家にも知識人にも多い。日本人でありながら、国益の感覚をもたず、歴史を毅然と解釈する作業に臆病なことへの懐疑心がない。結局のところ、中国人であれアラブ人であれ、肚《はら》の内では、外国人から軽侮されていることが分からないのである。

佐藤氏は、国民の尊厳や自分の政治・学問生命をすっかり台無しにしてしまう人びともいるなかで、一見すると国益を追求しているようにみえる政府の行為を時に批判することも恐れない。もちろん、氏の主張に私が同意できない点も少なからずある。それでも、一部の専門家やジャーナリストに見られるように、鬼面人を驚かす言辞や、虚偽めいたレトリックで自己主張を地上波テレビや一部雑誌で誇示する人びとの発言とは比較できないほど、遥かに高い論理的構成力をもっている。佐藤氏と私の歴史観と政治認識がどこで微妙に食い違い、どこで収斂《しゅうれん》するか、本書をお読みいただいた方には御理解いただけると思う。二人の議論を粘り強くフォローしていただいた読者の方々には心から感謝申し上げたい。

この書物の上梓と同時に、二人がとくに専門とする中東とロシアで新たな事態が生まれた。中東では「敵の敵は味方」という言葉がある。しかし、混乱したリアリティともいうべき現在の中東やロシアの情勢では、しばしば「敵の敵はやはり敵」という事態も進行している。このあたりの基本的な平仄も本書では触れたつもりである。

グローバルな次元でいえば、地政学とエネルギー安全保障における最大の脅威は、ほぼすべての国と人びとにとって、イスラーム国（ＩＳ）になることは間違いない。人間性の本質を否定するニヒリズムや非イスラーム的価値観を拒否する独特な文明論も類を見ないものである。こうした点について、ロシア文学に造詣の深い佐藤氏とニヒリズムやアナーキズムに関わる議論をＩＳとの関係で交わしたのも懐かしい。

ギリシアとイランとウクライナをめぐる対立や紛争の構造を歴史性と現代性の両面から総合的に議論できたのは、私個人にとってもすこぶる有益であった。7月のイランの核開発停止にかかわるウィーン最終合意についても、イランの公然たる敵のイスラエルと隠然たる敵のサウジアラビアが脅威を受けることに不十分ながら本書で言及した。

これに関連して一言すれば、２０１５年6月中旬のサウジアラビア副皇太子の国防相ムハンマド・ビン・サルマンのロシア訪問は象徴的であった。副皇太子のロシア訪問は、ＥＵと米国がロシアを経済ボイコットし、ウクライナ問題でモスクワを制裁している時期と重なっていたからだ。しかも、ロシアによる16基の原子炉建設と運用監督における「最大の役割」をロシアに約束したのは、「米欧の敵ロシアは味方」ともなりかねない古典的な実例にほかならない。これは、サウジアラビアが核クラブに加入する意志を暗示したと考えるべきだろう。

あとがきでは本文で扱えなかった最新情勢の一端に触れたが、この種のテーマについては機会を改めて佐藤氏とこれからも議論するのを楽しみにしている。

本書の対談企画は、徳間書店相談役松下武義氏と編集部加々見正史氏の熱意によって実現した。松下氏は、会長の職にあるときから、東大の研究室にわざわざ足を運ばれ書物の刊行を慫慂《しょうよう》された。また、加々見氏は猛暑のなか誠実に仕事を進めてくださった。お二人の人柄と誠意によって本書が上梓されたことに深く感謝申し上げたい。


2015(平成27)年8月10日　東京にて

山内昌之

山内 昌之（やまうち まさゆき）

東京大学名誉教授・明治大学特任教授

1947年札幌に生まれる。現在、フジテレビジョン特任顧問・三菱商事顧問・横綱審議委員なども務める。北海道大学大学院博士課程中退。東京大学学術博士。カイロ大学客員助教授、トルコ歴史協会研究員（アンカラ）、ハーバード大学客員研究員、東京大学大学院教授、同中東地域研究センター長、政策研究大学院大学客員教授などを歴任。2015年には戦後70年首相談話に助言する21世紀構想懇談会委員を務めた。2006年に紫綬褒章を受章、他に司馬遼太郎賞を受賞。主要著書に『現代のイスラム』（発展途上国研究奨励賞）、『スルタンガリエフの夢』（サントリー学芸賞）、『瀕死のリヴァイアサン』（毎日出版文化賞）、『ラディカル・ヒストリー』（吉野作造賞）、『岩波イスラーム辞典』（共編、毎日出版文化賞）。2013年11月に40年来の研究成果として『中東国際関係史研究』を出した。

佐藤 優（さとう まさる）

作家・元外務省主任分析官

1960年東京生まれ。85年にノンキャリア専門職員として外務省入省。在モスクワ日本大使館勤務等を経て国際情報局分析第一課主任分析官。2002年、背任容疑で逮捕後、512日間の勾留を経て保釈。05年に執行猶予付き有罪判決を受けて控訴・上告するが、09年の最高裁の上告棄却で判決確定、失職。作家に転身。著書に『国家の罠』（毎日出版文化賞）、『自壊する帝国』（大宅壮一ノンフィクション賞、新潮ドキュメント賞）。ビジネスパーソンに向けた『人に強くなる極意』『ケンカの流儀』等、独自の勉強術を説いた『読書の技法』『世界史の極意』等、対談として『国家のエゴ』（姜尚中氏と）、『崩れゆく世界　生き延びる知恵』（副島隆彦氏と）、『「殺しあう」世界の読み方』（宮崎学氏と）等、小説として『外務省ハレンチ物語』『元外務省主任分析官・佐田勇の告白　小説・北方領土交渉』等、多数。

第3次世界大戦の罠

新たな国際秩序と地政学を読み解く

第1刷　2015年9月30日
第2刷　2015年10月1日

著　者　山内昌之　佐藤優

発行者　平野健一

発行所　株式会社 徳間書店
〒105-8055　東京都港区芝大門2-2-1
電話　[編集] 03-5403-4350／[販売] 048-451-5960
振替　00140-0-44392

本文印刷　本郷印刷株式会社
カバー印刷　真生印刷株式会社
製本所　ナショナル製本協同組合

ISBN 978-4-19-863972-3